JN173766

精神障がいのある親に育てられた子どもの語り

困難の理解とリカバリーへの支援

横山恵子／蔭山正子　編著

明石書店

はじめに

　医療や福祉の場で精神障がい者家族への支援が注目される時代になってきました。これまで支援者は家族を精神障がい者本人の介護者として見がちで、家族の思いに目がいかないばかりでなく、時には、家族に問題があるとして、家族と敵対しやすい関係にもなりがちでした。最近、やっと家族を生活者として捉えた家族支援が重要であると考えるようになりました。

　しかし、家族というと、それは親やきょうだいを指す言葉でした。そのような中で精神障がいのある親に育てられた子どもの存在が初めてクローズアップされたのは、中村ユキさんのマンガ『わが家の母はビョーキです』の出版です。その後、精神科医である夏苅郁子先生や糸川昌成先生が御自身が子どもの立場であることを表明され、自分の家族体験を精力的に講演されるなどして、このような「子どもの存在」がやっと社会に認められるようになりました。

　子育てをする精神障がい者の数は把握されていませんが、統合失調症圏の精神科通院女性患者さんの3〜4割に出産経験があるとされます。さらに、一度医療につながってもその後未治療になった方や、一度も精神科を受診することのない未治療の方も含めれば、その実数はとても多いと思われます。さらに、統合失調症以外のうつ病や躁うつ病などの感情障がいなど、他の疾患を含めると、その数は計り知れません。

　しかし、「子どもの存在」が知られるようになっても、精神障がいのある親に育てられた、子どもたちの生活の実態はほとんど知られていません。子どもの時に親の病気が知らされることは少ないため、親の病気には気づきにくく、親から周囲との関係を制限されるなどして、ストレスを感じながら成

長します。親は病気のために養育が十分できなくなったり、離婚や失職など
で、貧困の問題も出現しがちです。子どもは、早い時期から、介護者（ケア
ラー）として成長していきます。家事をしたり、下のきょうだいの面倒を見
たり、時には病気の親自身のお世話も引き受けるしっかり者として成長しま
す。暗黙のうちに、家庭のことは話してはいけないと学び、大人になってか
らも、家庭のことは誰にも話せないまま成長します。しっかりしているよう
に見える子どもたちですが、内面では、大人になっても自信がなく、対人関
係の課題など、様々な生きづらさを抱えて、社会で孤立している実態があり
ます。子ども自身も成長途上において、精神疾患のハイリスクな状況にある
のです。

　最近では、精神障がいがありながらも、治療を受け、子育てしている当事
者は珍しくなくなりました。人を愛し、結婚し、子どもを育てることは、人
が生きる上で大切なことです。障がいを理由に制限されることがあってはな
りません。支援者は、障がいがあると虐待予防の観点で見がちですが、親が
自分の手で子どもを育て、子どもと共に成長できるよう、早急に支援の充実
を図る必要があると考えます。

　夏苅郁子先生は、精神科医ですが、一時期、心のバランスを崩したことも
あり、当事者としての立場の経験もあります。2012 年に『心病む母が遺し
てくれたもの〜精神科医の回復への道のり』、2014 年に『もうひとつの「心
病む母が遺してくれたもの」〜家族の再生の物語』という二つの著書を執筆
されていますが、自分の体験を書き下ろすことで、自分の人生を整理するこ
とができ、回復への道のりを歩むスタートになるきっかけとなったと述べて
います。体験を語ることは、人生を自分の手に取り戻すことにつながるよう
です。今回、子どもたちへの支援をする中で最初に出会った 9 人の方が、自
分自身の体験を書いてくださいました。困難を抱える中で、自ら仲間を求め、
出会った子どもたちのたくましい、子どもたちのリカバリーの物語ともいえ
ます。

　この本は支援者だけでなく多くの方々に読んでいただきたいと思っていま
す。支援者に「子どもの存在」を知っていただくとともに、自分の身近な
「子どもの立場の方々」に目を向けていただくこと、子どもの抱える困難だ

けでなく、子どものたくましさや子どもの持っている力や今後の可能性を知っていただくことです。今、精神疾患で苦しんでいる方々には、将来、パートナーと出会い、子どもをもちたいと願ったとき、自分たちの子どもがどのように生きていくのか、そのために何を準備する必要があるのかを知ってほしいと思います。そして、勇気を出して、自分の人生を歩んでほしいと思うのです。さらに、地域で孤立している子どもたちには、同じ子どもの仲間の存在を伝えていければと思います。

横山恵子

＊目次

第4節 ❖ 大人になった子どもの困難とリカバリー　127
埼玉県立大学　横山恵子

第2章
精神障がいのある親をもつ子どもへの支援のあり方

第1節 ❖ 母子保健　142
大阪大学　蔭山正子

第1章
精神障がいのある親に育てられた子どもの体験

本章では、第1節と第2節で、精神障がいのある親に育てられ、現在は成人している子どもの立場の方9人の体験談を紹介します。9人のうち3人は、精神科治療につながらずに生活されていた親に育てられた子どもであり、6人は精神科治療につながっていた親に育てられた子どもです。第3節では、これらの体験をライフサイクルに沿って整理します。第4節では、成人した現在の姿を描いていきたいと思います。

第1節 ❖ 精神科治療につながらない親に育てられた子ども

　精神科治療に長年つながらずに生活されていた親に育てられた子ども3人の体験をご紹介します。

　私たち（横山と蔭山）が初めて精神障がいのある親をもつ子どもの立場の方に出会ったのは、2013（平成25）年6月です。家族会が開催した「家族による家族学習会」の参加者へのインタビューに伺った際、親の立場の方が多い中、子どもの立場の方に出会いました。その後、東京で子どもの立場の方が少人数で交流していることをその方が教えてくださり、2014（平成26）年5月にグループに出会いました。このグループは、2013年8月に「親＆子どものサポートを考える会」が開催した、「第1回全国版子どもの集い・交流会」に参加して知り合った仲間でした。40〜50代の6人で3か月に1回程度、定期的に集まって交流していると聞きました。

　2014年に40代後半の子どもの立場の方3人にインタビューをさせて頂きました。第1節は、その3人、千葉あきさん、石井百合さん、川口麻美さんの体験談です。3人とも、未治療の統合失調症圏の母親を持ち、親御さんはつい最近まで医療につながることはなく、治療を受けずに生活をされていました。3人共に、子ども自身が幼児期から小学生の時期に母親が発病しています。幼少期から多くの困難に直面してきましたが、現在は、3人とも結婚し、幸せに暮らしています。

1. 千葉あき　45歳

> **子**：女性、一人っ子。幼い頃に両親が離婚し、母と祖母との３人で暮らす。OLとして就職した後、実家を離れて暮らす。職場で夫と知り合い結婚。２子の母。
>
> **親**：妄想性障害の母。精神科治療を受けずに生活。自営業で生計を立て、子と祖母と暮らしていた。祖母が他界し、子が独立してから一人暮らし。身体疾患により医療につながり妄想性障害と診断されるも、現在は精神科治療が途絶えたまま生活している。

1）子どもの頃〜母からの抑圧

　私は一人っ子で、幼い頃に両親が離婚していたため、母の実家で祖母と３人で暮らしていました。母と祖母は自営業を営んでいましたが、毎日のように口論が絶えない状況でした。なぜ口論ばかりの家なのかわからず、怖くて毎晩、布団の中で泣いて寝る暮らしでした。小学校高学年の頃は、爪がなくなるまで、爪かみをしていました。大人になってから知ったことですが、爪をかむ行動は、精神的な不安定さによるものだったようです。

　母と祖母との関係が悪く、母も祖母から愛情を受けて育っていないと感じました。祖母は、もう亡くなっていますが、亡くなっている祖母に対して恨み言を言い続ける母です。恨み言の内容は、私にはわからないこととはいえ、当時子どもだった私は、母から言われる言葉を聞いているだけでした。「祖母はこんなにも悪い」と言いたかったのでしょう。離婚した夫、すなわち私の父のことも「悪い人」として語ることしかありませんでした。

　子どもの頃の私にとっては、母は怖い存在で、かなり抑圧されていたと思います。その反面、優しく愛情たっぷり抱きしめてもらって育てられた記憶もあります。母と祖母の親子関係の悪さを見ながら暮らす日々からは逃れることができず、逃げる（自立する）という考えも浮かびませんでした。私は、就職した後、家計を支える立場になっていました。股関節下肢障害を抱えた母が自営業を継続することが困難になったからです。

　その頃から母は「あの男は、さっきからずっと後をつけてくる」と見知

らぬ人を指さしてみたり、私が出先から電話をすると、「この内容は聞かれているから話してはいけない」と言ってみたり、室内での会話にも突然、人差し指を口元にあてて、聞かれているからと、突然筆談を始めたりしました。「はぁ？」となりますが、「そんなことあるわけない」と母に言うことは怖くてできませんでした。

2) 就職～ひきこもり、そして、家を出る

　会社員で働いていた頃は、飲み会などにも理由を母に説明する必要がありました。母が納得しないと行かせてもらえず、気軽に会社の方と出かけることはできませんでした。送別会だからと説明をしても、学生時代の友だちの家に「（私が）まだ帰ってこない」と電話していました。先方のお母さんに「もう大人なのだから大丈夫。何かあったら連絡くるでしょ」と言われて腹を立て、「あの人は変な人、人の気持ちがわからない人だから、あの家の子を相手にしてはいけない」と言われました。このような毎日を過ごしていると私まで精神的に変になり、食べ物を受け付けなくなり、会社にも行けなくなってしまいました。慢性疲労症候群と診断され休職してしまい、職場からの電話にも出る気持ちになれませんでした。今思えば、うつ状態だったと思います。

　特に辛かったことがあります。私が寝ていると突然布団をめくり、「お前はオスか！メスか！」と言われたことや、母が就寝中に「オスメスオスメス」と叫びだしたことがありました。私は、怖くて怖くて布団を頭からかぶって泣くことしかできませんでした。誰も聞いていないし、私一人しかいないし、普通ではない母と一緒に家の中にいることが怖かったです。「このままでいいのか？　いいはずがない！」「このままでは自分がもっと変になる」「変になりたくない」という強い思いから親戚を頼って、しばらくお世話になることにしました。母の兄弟の家でしたが、どのような環境で私が育ったのかを、よく知る身内でしたのでサポートしてくれました。そのおかげで、私は、精神的に落ち着いてアルバイトを始めることができました。就職も決まって一人暮らしを経験する中で、夫との出会いもありました。

3）結婚～夫の理解と協力

　夫には、結婚前に、母が精神的にちょっと変であることを話しておきました。理解のある夫で良かったです。夫は、地元の精神保健センターに一緒に相談に出向いてくれたりしましたが、「本人を診ないことには何とも」と水薬を処方してくれたのみでした。きっとその医師ができる対応はそこまでだったのでしょう。同居していないため、水薬を食べ物に混ぜて服用させることはできず、精神科につなげることもできないままでした。

　ある時、私は、母の股関節を診てくれる医師に出向き、「どうも母は普通ではないので、精神科につなげられないか？」と相談したのですが、「そこまではできない」と言われて、残念な気持ちになりました。後日、その医師に股関節の手術について相談してみましたが「あなたのお母さんは手術に耐えられる人ではないから」と言われました。手術に耐えられない人だから、精神を病んでいる人の治療は簡単ではないのだと知り、悲しい気持ちになりました。

　母は、歩行困難のため、日常生活も不便な暮らしを強いられています。そのような母を見ていると、精神を病んでいなかったら股関節手術を受けられ、リハビリをして、歩く、入浴する、椅子に腰かけることもできたはずだと悔しいです。医師でさえ、精神科の治療が必要だと思っていても、精神科につなげられないのに、子どもの立場の私が、精神を病み、病気の認識が全くない親を精神科に受診させることは、とてもとても難しいと感じました。

　その後、私自身が子育てをしながら、時々母のところに孫を連れて行くという状況が何年か続きました。ある時、庭仕事の際に履く長靴に毒を入れられたせいで、足が真っ赤に腫れ上がって痛いからと皮膚科受診に付き添うよう母に言われ、私は、子ども2人を連れて母を皮膚科に連れて行きました。初診受付の時に、「母は被害妄想を話していると思います。私では精神科に連れて行くことが難しいため、皮膚の症状から何とかうまく母を説得して、精神科のある大学病院に紹介状を用意してもらえませんか？」と母に悟られないよう頼んでみました。しかし、皮膚症状から精神科がある病院につなげてほしいと思う気持ちは結局届きませんでした。大きな病院を紹介してくれましたが、足の腫れは下肢静脈瘤という検査結果がでて終わりでした。弾性

ストッキングを使ってくださいと言われましたが、靴下をはくことが簡単ではない下肢障害者に対し、硬い弾性ストッキングをはくことができないことをわかってもらえず、治療すらあきらめざるを得ないのかと残念な気持ちになりました。未治療のまま下肢静脈瘤は放置している状態です。股関節が悪いため、下肢の血流が悪くて当たり前なのですが、どうしてここでも精神科につながらないのでしょうか。皮膚科は皮膚を診る医師、整形外科や血管外科の医師もそれぞれ専門分野を診ることしかできないのだと、医療の分野の連携ができないのはどうしてかと思いました。

　会社員である夫の転勤が決まりました。遠方なため、夫は母に「一緒に行きませんか？」と言ってくれたものの、母は拒否しました。そのため、母の暮らす地域の相談機関に電話したり、当時住んでいた地域の保健センター主催の「統合失調症講座」に参加し、少しずつ「精神疾患」というものを勉強するようになりました。母の病気が統合失調症[1]なのかは、この時はわかりませんでしたが、勉強していくうちに統合失調症に近い症状だと思いました。

4）「家族による家族学習会」との出会い

　夫が転勤すると、その土地の保健センターで統合失調症の勉強会に参加することにしました。どこに暮らしていても勉強会に参加しておかないと不安だったからです。その勉強会は「家族による家族学習会[2]（家族学習会）」というプログラムでした。精神障がいのある子の親が中心となって運営・進行さ

---

1) 「統合失調症は、主要な精神疾患のひとつで、10歳代後半〜30歳代に発症する頻度の高い疾患である。その主要な症状は、自分を悪く評価し言動に命令する幻声、何者かから注目を浴び迫害を受けるという被害妄想（幻覚・妄想）、行動や思考における能動感・自己所属感の喪失（自我障害）などの陽性症状と、目標に向け行動や思考を組織する障害（不統合）、意欲や自発性の低下などの陰性症状、そしてこれらの症状についての自己認識の困難（病識障害）である」（福田正人：統合失調症，脳科学辞典）

2) 「家族による家族学習会」とは、精神疾患を患った人の家族を「参加者」に迎え、同じ立場の家族が「担当者」としてチームで運営・進行する、10〜15人程度の小グループで行う体系的な家族ピア教育プログラムです。1回3時間、1コース5回です。セルフヘルプ・グループの重要な機能である「体験的知識」と、テキストによる「専門的知識」の両者を組み合わせた学習スタイルが特徴です。参加する家族と担当する家族ともに、エンパワメントが促進されます。通常は、地域の精神障がい者家族会が運営・進行しているため、当事者の親中心となっています。千葉あきさんが初めて参加した家族学習会は、親の立場が中心でした。その後、千葉あきさんらが中心となり、子どもの立場の家族学習会を2015年から試行的に実施するに至りました。

れていました。テキストを使って統合失調症を詳しく学ぶ場でした。また、少人数で一人ひとり自己紹介をしながら、何に一番困っているのかを聞いてもらいました。同じ家族同士わかり合えることが多く、共感してくれ、ホッとできる時間になりました。医療機関につながっていない母でしたので、テキストの説明にある病気の説明、薬の説明は今一つピンとくるものではありませんでしたが、「家族自身が元気を保つために」という最終章の内容は、心に響くものでした。

　母と接しているとイライラしてばかりで、私の感情が昂ぶって声を荒げてしまいます。子どもには、自分の幼少期と同じ思いをさせてしまって、とても申し訳ない気持ちと、この何ともいえない感情をどうしたらいいのかとても辛い時期でした。そのため、「元気を保つために」というテキストの部分は、当時の私には心に響きました。テキストの内容は、統合失調症の子どもがいる親の立場の方が学ぶ内容になっていました。

　家族学習会では、私と同じ子どもの立場で参加している方がいました。年齢も近く、初対面とは思えない「育ちの過程」に共感しあい、あっという間に数時間も立ち話をしていました。

　中村ユキさんという漫画家の方が、親が統合失調症であることを本にされたことで多く知られるようになった私たちの存在。藤圭子さんの自死による宇多田ヒカルさんのコメントも私には、とても衝撃的で、コメントをテレビで初めて聞いたときは涙が止まりませんでした。「時には私や父が妄想の攻撃対象になり」このコメントを聞いて有名スターが私と同じ辛い体験をして、親が精神を病んでいたことを公表した勇気に、いつか会って話してみたいと思いました。

5）かなった母親の精神科受診

　家族学習会を終えた後、親を中心とした精神障がい者家族会に入会していたことで大きく救われる時がやってきました。

　股関節が悪いまま一人暮らしをしていた母が自宅で転倒し、起き上がれない状態になったのです。亀がひっくり返って戻れない状態だったそうです。車で2時間の距離に住む母の兄弟が駆けつけてくれたのですが、家は施錠

した状態だったので、警察官立ち合いの下、窓ガラスを割って鍵を開けて入りました。母は、警察官に対して、「手帳を見せろ！　何者だ！　偽物の手帳じゃないか！」と食ってかかっていたそうで、警察官は苦笑するばかりだったと聞きました。

　数十時間も起き上がれない状態だった母は、親戚の介助でやっと排泄したり、軽い食事もしました。私が到着して、医療機関に連れて行きました。以前、私が単独で相談に行った、母のかかりつけの整形外科です。レントゲンの結果、右手が複雑骨折しているため手術が必要ということで、緊急入院となりました。手術をしても付き添いなど私の生活（主に子どもの学校）を考えると、ここで手術をやるのではなく、私の暮らすところで行いたいと主治医と相談をしました。病院は専門医のいる受け入れ先を探してくれました。

　母も私の状況を納得してくれ、私の自宅近くでの手術、治療を了解しました。航空券の手配、座位が保てないための対応を航空会社に依頼し、6席でベッドを作り、介護タクシーでの移送手配などの準備を整え、搭乗まで待機していました。私が子どものオムツ交換などで母を介護タクシーに残して離れ、戻ってきたら介護タクシーのドライバーの胸ぐらをつかんで抵抗していたのです。首が真っ赤になるほど傷ついていて、ただただ申し訳なく情けなくなりました。航空会社の職員もオロオロして、無事に搭乗できるか心配されていましたが、母は機内では落ちついていました。

　羽田空港から受け入れ先の病院に到着しました。手術の説明など終えてホッとしたのもつかのま、母は入院翌日の手術を拒否し、翌日は病棟で興奮状態になってしまいました。一般病院なので、病院側も対応に困ってしまい、私もどうしてよいやらわからなかったので、入会していた家族会会長に連絡して相談しました。会長の情報網のおかげで、母を総合病院に救急搬送をしてもらい、精神科につなげることができました。あれだけ苦労した精神科受診、精神科入院、病名確定にようやく至ることができました。

　母は3か月間、精神科に入院しましたが、一度も服薬しなかったそうです。「飲みたくない」という患者に無理に飲ませることはできないという説明でした。病識もなく、精神科に入院していることには納得していなかったと思います。母にしてみれば、右手が使えない状態で一人暮らしは無理だか

ら、仕方なく入院していたのだと思います。退院してしまえば、精神科を受
診することは、一切ありません。娘に（娘夫婦に）精神科に入院させられた
ことを恨んでいると思います。私たち夫婦が悪者だと精神科の主治医に話し
ていたことを後で知りました。3か月の入院で「妄想性障害」[3] という診断
がつきました。統合失調症とは異なる、妄想性障害という妄想単独の病気が
あることを初めて知りました。

6) 今の私

　今も母との会話には緊張します。母に会う前は目のまわりがピクピク痙攣
しているのがわかります。以前は、吐き気と背中の痛みも必ずありました。
全身に力が入ってしまうのです。このような状態になるのだったら会わなく
てもいいのでは？と思われるでしょう。それでも母に会うのは、孫に会わせ
て穏やかな笑いのある時間を母に持ってもらいたいからです。それは私を大
事に育ててくれた母だからです。精神を病んでいても、一生懸命真面目に生
きてきた母なのです。

　精神科医療につながることは難しいですが、地域包括支援センター[4]（包
括）が安否確認をしてくれていました。しかし、最近では、それも拒否する
ようになり、行政機関との関わりが途切れてしまいました。母は、生活に起
こる問題にも対処が難しい人です。入院時にわかったことですが、高額な水
道料金を支払っていたことがわかりました。推測ですが、漏水が考えられる
老朽化住宅です。漏水調査を母に勧めてみましたが「水道局がメーターを操
作するから、わざと高額を支払うようにしている」と言って、話が進みま
せんでした。「操作しているから、請求額通りは払わない！」と言った時は、
「水道を停止します」という状況までいきました。私が母に「払わないと止

---

3) 　「妄想性障害の重要な特徴は、1つまたはそれ以上の妄想が少なくとも1か月持続することである」
「妄想の直接的な影響を除けば、心理社会的機能の障害は、統合失調症など他の精神病性障害にみ
られるものより限局しており、行動は目立って奇異であったり奇妙ではない」（日本精神神経学会
監修：DSM-5 精神疾患の診断・統計マニュアル．2014，医学書院）
4) 　地域包括支援センターは、市町村又は市町村から委託を受けた法人が運営しています。高齢者を
中心とした地域包括的支援の中核的機関であり、保健師、社会福祉士、主任介護支援専門員等が
配置されています。具体的には、介護予防ケアマネジメント、総合相談・支援などを行っていま
す。

められる」と言うと、生活に支障があることは理解しているので、納得はいかないが支払ったようです。今でも高額な料金を払っているのだと思います。過去にも、乗らない車なのに10年以上も駐車場料金を支払っていたことがありました。10年分の駐車場代を見かねた親戚が、車を処分してくれましたが、どうして乗らない車の駐車場代を毎月支払っていたのか理解に苦しみます。

　私のように親が精神疾患を持つ子どもが集い、安心して話せる場所を作れないかと思っていました。長く家族支援に取り組んでいる、大学の研究者の先生方と出会い、2015年5月に子どもの立場だけの家族学習会セミナー（家族学習会を普及するための説明会）を東京大学で開催することができました。セミナーの参加者の中から家族学習会への参加につながり、2015年10～12月に子どもの立場に限定した、家族学習会を開催することができ、翌年も同じ東京大学でセミナーを行い、家族学習会を行うことができました。

　お一人お一人のご苦労に参加者、家族学習会をサポートする担当者みんなが共感しあい、時には泣いてしまう場面もありました。普段の生活の中では見せない姿だということもわかります。家族学習会を重ねることによって、もうこれからは一人で悩まなくても大丈夫なのだと思える出会いが広がっていきます。

　日々の暮らしの中では「親が精神的に大変で…」と言い出すこともなく過ごしているので、時々は会って話したいのですが、継続して会える場所もなく、同じ立場として会を結成するには、大人になった私たちは住んでいる場所も違い、仕事もあり、家庭もあり、課題が多いのが現実です。無理なく、どのように活動を展開できるかが課題です。

7）私の願い

　親が精神を病んでいる状況に育つ子どもは、その環境から逃れられないので、子どもと関わる機会の多い学校の先生などの気づきが大事だと思います。周りの大人にも精神疾患を理解してもらえる世の中になってもらいたいです。

　子どもの立場では、親を精神科につなげることは、とても困難であることをご理解ください。私もまだ、現在進行形で母と向き合うことが難しい立場にいます。

2. 石井百合　48歳

子：女性、兄1人。結婚で実家を離れたが離婚で戻る。後、実家を出て一人暮らし。デザイン関係の仕事に就き再婚。現在は夫と二人暮らし。子どもはない。

親：統合失調症の疑いの母。30代前半で発症、病識はなし。精神科未治療。結婚後は専業主婦となる。夫が亡くなった後14年ほど一人暮らしをして、認知症を発症。老人ホームに入所後、2014年他界。

　私の母は精神障がいでした。母は受診をしていないのではっきりした病名はわかりませんが、ネットで症状を検索したら統合失調症が一番当てはまったので私はそう思っています。

　主な症状は、幻覚・幻聴・独語・妄想でした。激しい症状がなかったので、距離を置けばなんとか付き合えました。そのために医療機関につなげることができなかったとも言えます。本人にも病識はありませんでした。父の話では、母が30代前半くらいに発症したそうです。私が生まれる前に発症しているので、まともな時の母を知りません。

1）幼児の頃～物心ついた時からの母の癖

　私が物心ついた時には、母はすでにブツブツ独り言を言っていました。幼稚園や小学校低学年の頃は母のクセだと思っていました。いつスイッチが入るかわからず、特に電車に乗るとブツブツ言っていました。新しい情報（近所に引っ越してきた人がいる等）が入ると妄想も膨らんでいました。家の敷地の外に知らない人がいて、「誰かが家の中を覗いている」ともよく言っていました。家の中の物がなくなれば「誰かが家の中に入ってきて盗っていった」と言っていました。

　私は小さい頃から小食で、母から「もっと食べなさい」とよく言われていました。多めに盛り付けられるので私は残していましたが、残すと「また残して！」と言われ、「食べる前に食べられる量を言いなさい」と言われたので、少なめに盛ってもらおうとすると、「またそれだけしか食べないの!?」

と言われ、どっちに転んでも怒られていました。小学校低学年の頃、当時は「給食を残さず食べましょう」と言われていたので、食べるのが遅かった私は、掃除の時間まで給食を食べさせられていました。食べきれないパンを机の脇に掛けてある布製の鞄に入れて、食べ終わったふりをしていました。ある程度溜まったらそれを持ち帰っていましたが、学校から家まではすごく近かったので途中で捨てることもできず、そのまま持って帰り、母に見つかっては怒られていました。家でも学校でも食べることが苦痛になっていたので、大人になっても食べることに興味がありません。

2) 小学生の頃～母から否定され続ける日々

　小学校に上がってから、学校で何があったか母はよく聞いてきました。私が話をすると「そうじゃないでしょ？」「○○ちゃんと遊ぶのはやめなさい」と、なぜか否定的なことばかり言われました。こんな風に言われると話す気がなくなります。私が話さなくなると母は気になるらしく、さらにしつこく聞いてきます。でも私はずっと拒否をしていました。そのうちに母に話すことは簡単な事後報告のみになりました。その事後報告ですら、「この先、こうなったらどうするの？　なってからじゃ遅いのよ！」という言われ方をされることもありました。まだ起きてもいないことに対して怒られていたので、今思うとかなり理不尽だったと思います。日常の出来事すら否定されるので、悩みごとや困ったことなど話したらどれだけ否定されるかわかりません。困ったことを話したら、まず困ったことを起こした原因を責められるからです。風邪を引いただけでも、風邪を引いた原因を責められていました。多少体調が悪くてもそんな素振りは見せないようにしていました。こんな状態なので、何か辛いことがあってもいっさい母に相談しませんでした。親に相談しないクセがついているので、先生や他の大人に相談するなどという考えは、全く思いつきませんでした。

　そのうち、いつしか私は悩みごとや相談を人にしない人間になっていました。大人になってから友達に言われた、「何でも独りで決めちゃうね」の一言で気がつきました。今まで独りで抱え込むのが当たり前だったので、人に相談して気持ちを軽くする快適さを大人になるまで知りませんでした。

10歳ごろになって、友達の家に遊びに行くようになってから、自分の母と友達の母との違いを感じ始めていました。母が厳しいのは考え方が古いからだと思っていました。友達の母は働いているが、私の母は専業主婦。違いはそれくらいしかわかりませんでした。専業主婦になると母のような古い考え方になってしまうのではないかという恐怖から、自分は専業主婦にならないようにしようと小学生の時に決めました。

　母は普段から私の友達を家に呼ぶことを嫌がりました。お誕生日会を開いてもらったことはありません。自分のお誕生日会を開けないので、友達のお誕生日会に行くことも許してもらえませんでした。せっかく友達から誘ってもらったのに、断るのがとても心苦しかったです。

　一度だけ家に友達を呼んだことがあります。当然、私は家の中で遊べると思っていましたが、母はティッシュにお菓子を包んで「外で遊びなさい」と言い、外に出されました。友達の家では良くしてもらっていたのに、本当にこの時は友達に申し訳ない気持ちと、みじめな気持ちでいっぱいでした。

　私が学校から帰ると、母は新聞を読んだり、ぶつぶつ独り言を言ったりしていました。特に会話はありません。私は小さい頃から絵を描くのが好きで、家に帰るとよく絵を描いて独りの世界に浸り、現実逃避をしていました。小学校3年生か4年生の頃だったと思いますが、私が描いた絵を母に褒めてもらったことが一度だけありました。嬉しくなった私は、褒めてもらった後、すぐに違う絵を描いて母に見せましたが、「アラ、こんなのダメよ」と即、否定されました。とてもショックだったのでよく覚えています。

　子どもの頃は、兄とよく比べられて怒られていました。「お兄ちゃんはそんなことしないのに、だからアンタはダメなのよ！」と言われていたので、小さい頃から自分に自信がなく、かなり内向的な性格でした。比べられるのが嫌いなくせにその反面、自分の中で人と比べてしまうクセがついてしまい、大人になってから自分の性格に嫌気がさしていた時期もあります。

　確か10歳くらいだったと思いますが、夜寝る時に「自分はどこから来たのか？　自分て何だろう？」と思っていた時期があります。布団に入るといつもこの考えが頭に浮かんできていました。なんとも言えない変な感覚で答えが出る訳でもありません。同時にこの頃は、「朝起きて誰もいなかったら

どうしよう」「今、大地震が起きて両親だけ逃げて自分だけ残されたらどうしよう」という根拠のない不安もありました。なぜこんな考えや不安が出てきたのかわかりませんが、今思うと精神的に不安定だったのかもしれません。

　母は買い物に行くと、家に在庫があっても同じものを買ってきました。その日に買ってきた刺身は冷凍して、以前冷凍しておいたものを解凍して食べるから刺身はいつも変色していてまずかったです。常に在庫があるので冷蔵庫はパンパンでした。次の買い物に行く時に雨になったら行けないからという理由で、いつも多めに買ってきていたようです。野菜や豆腐でも、食べる時は以前に買っておいた古いものを食べていました。

　私が小学校6年生くらいの時、兄から「母親は病気だろう」と言われたことがあります。明らかに変ではあるけれど、怖くて「病気」という事実を受け入れられませんでした。独りでブツブツおかしなことを言ってはいるけれど、家の中のことはやってくれていたので、私は他の子と変わりなく学校生活を送れていました。ただ母の様子は友達には言えませんでした。もし、クラスの誰かに母の様子がバレたらいじめられるのではないか…と恐怖でした。友達もいるし、外見上は他の子と変わらず普通にしていたので、第三者から見て、母親に問題があるとは絶対に気づかれなったと思います。

3）中学生の頃〜部活に入り母との距離がとれる

　中学校に上がると部活に入ったり、友達と遊ぶ機会が増えたので母と距離を置くことができました。母との接触もかなり少なくなり、あまり記憶に残っていません。相変わらずブツブツ独り言を言っていましたが病状は安定していました。

4）高校生の頃〜母の干渉が窮屈になり反発

　高校生になると母の干渉が強くなってきました。高校1年生の時、ノートや教科書に書いていた落書きがきれいに消されていることがありました。問い詰めると母が「消した」と言い、その場でケンカになりました。私に隠れてコソコソとノートや教科書をチェックされていたのがショックでした。

　夏休みに友達と海に行く約束をしたので、かわいい水着を買いに行こうと

すると、ものすごく反対され、結局許してもらえずスクール水着で行ったことがあります。当時の私には、母の考え方がものすごく古臭く感じられ、窮屈で窮屈でしょうがありませんでした。しょっちゅう大声でケンカをしていて、この頃が一番激しかったです。

　高校生の時に彼氏ができました。遠距離だったため手紙をやりとりするようになりました。彼の存在はもちろん黙っていました。彼の名前が書かれた封筒を母に見られると何を言われるかわからないので、返事が来る頃にはよく郵便受けをチェックして、見られる前に自分で取っていました。差出人の名前を無記名にしてもらいたかったのですが、彼の都合でそれはできませんでした。

　しばらくすると、返事が来るであろう頃になっても返事が来なくて、母に確認するとやはり母が手紙を取っていました。とうとう彼の存在がバレてしまいました。しかも母は手紙を隠し、そのことを忘れていました。そこでまた大ゲンカになりました。今考えると相手の人がどんな人か、説明も紹介もないので母が不安になる気持ちもわからなくはないですが、当時の私は自分の考えを押し付けてくる母に反発することしか頭にありませんでした。

　私がお腹をこわして寝ているときに、彼とその友達数人が家へお見舞いに来てくれたことがありました。彼と母の面識は勿論ありません。彼には母の病気のことは言っていませんが、うるさい母親だということだけは知っていました。手土産に桃を持ってきてくれましたが、私が寝ている間に母が追い返してしまったそうです。母は「お腹をこわしているのをわかっているのに、お腹がゆるくなる桃を持ってくるなんて非常識だ！」と言っていました。桃を食べるとお腹がゆるくなるのが事実かどうかわかりませんが、お見舞いに来た人を追い返す方がよっぽど非常識だと思います。

5）就職、恋愛〜異性関係への干渉

　就職してからしばらくして、母に「男の人と二人で会ってはいけない」と言われました。その理由は「他人から見たら友達と思えないから」です。喫茶店等で男性と二人だけで話していると、他の人から見たらカップルに思われかねないからダメだと言うことです。他人からどう思われようが関係ない、

全然知らない人からカップルに思われたら何か都合が悪いのかと反論しましたが、「嫁入り前の娘がそんな風に思われてはいけない」の一点張りで押し切られました。当然従うことはありませんでしたが、時代錯誤な感覚がまったく理解できず、何かにつけて息苦しさを感じていました。

　母の頭には「異性の友達」という概念は存在しないようでした。男性の友達から電話がかかってくると、どこの誰でどんな用件で電話してきたのかと、しつこく相手に聞いていました。電話はつないでくれましたが、後で何を話したのか聞いてくるので、面倒で仕方ありませんでした。母から警戒されていると思った友達は、もう私のところに電話はかけてきませんでした。男友達から電話がかかってきても、何も言わない親を持つ友達がとてもうらやましかったです。

　私が25歳になった頃、母は突然私に「結婚、結婚」と言うようになりました。ちょうど皇太子妃の結婚があった頃です。感化されたのかどうかわかりませんが、突然手のひらを返したように"結婚"と言い出しました。あまりのしつこさに激怒した私は、「今まで散々私の周りから男の人を遠ざけるようなことをしていたくせに、今度は結婚しろだと？　そんなに都合よく行くかっ！　今まで自分がどんなことをしてきたかよく思い出せ！」と怒鳴りつけました。さすがにこの言葉は効いたらしく、その後は「結婚、結婚」と言うこともなくなりました。本当にスッキリしました。

　後で知ったことですが、父も母の妨害で近所の友達を失くしていたそうです。父は定年退職後、少し離れた場所に小さな家庭菜園をやっていて、昼間はほとんどそこで作業をしていました。母となるべく離れていたかったからだと教えてくれました。

　この頃、母は「お兄ちゃん（私の兄）は双子だ」と言うようになりました。びっくりして近くにいた父の方を見たら首を横に振ったので、母の妄想だとわかりました。双子の片方は近所に住んでいるという設定のようです。兄はすでに結婚して家を出て数年経っていました。兄がほとんど家に来ないので母が寂しかったかどうかわかりませんが、この妄想はしばらく続きました。

6) 結婚そして離婚、父の他界

　私はしばらくして結婚しましたが、両家の顔合わせから披露宴まで父がいたため、母は何も問題を起こすことなく終えることができました。結婚した直後は、母から離れられた開放感がありましたが、夫の実家で暮らしていたので多少気を使いました。たまに実家に帰ってのんびりしたいところですが、実家の方が気が休まらないので、たまに帰っても日帰りでした。義母はとても優しい人でしたが、私が自分の母親を受け入れてない部分があったためか、義母に対しても多少壁を作ってしまい、申し訳ないことをしたと思っています。

　夫とは、DV（配偶者間の暴力、ドメスティック・バイオレンス）が原因でうまくいかなくなりました。離婚することが決まったことを母に話すと、「帰ってくるな。親戚に顔向けできない。お兄ちゃんはそんなことしないのに」と言われ、こんな場面でも兄と比べるのかと、げんなりしました。夫はとても短気だったので、結婚してからも事あるごとに「嫌なら出て行け」と言っていました。更に母からは「帰ってくるな」と言われ、両方向から「お前はいらない」と言われている気持ちになって、自殺を考えました。いろいろ考えているうちに落ち着いてきて、その後、離婚して実家に帰りました。

　私が実家に帰った時には、父は手術をして入院していました。術後の経過も良くすぐに退院できるだろうと思っていましたが、微熱が下がらずしばらく検査をした結果、ガンであることがわかりました。しばらくすると父の容態がだんだん悪くなってきました。その頃から母が父のことを別人だと言うようになりました。現実を受け入れられなかったのかもしれません。

　父が亡くなってから半年ほど、母と二人で実家に暮らしていましたが、毎日のようにケンカをしていました。「父の居場所を教えて！　電話番号を教えて！」と私に言ってくるからです。父はもう亡くなったと言っても「そんなことはない。別の場所にいるはずよ！」と妄想しています。激しいケンカは高校生以来です。こんな毎日に胃が痛くなってしまい、家を出て一人暮らしを始めました。離婚する際、誰からも「出て行け」とか「帰ってくるな」と言われない場所を作ろうと思っていたので、それを実行しました。結婚する前は一人暮らしを絶対に許してもらえなかったので、何か言われるかと思

いましたが、あっさり出ることができました。結婚前のあのうるささはいったい何だったのかと思いました。

7）2度目の結婚～夫の理解

しばらくして私が再婚をすることになりました。現在の夫を母に紹介したところ、夫の過去をからめてその場で妄想が始まりました。夫には前もって母の状態を話してはありましたが、母の妄想の中の発言でカチンとくる部分があったようです。母は、第三者がいると独りでブツブツ言うほどの状態にはなりませんが、妄想をもとに話をするので話がかみ合わなかったりします。自分の言ったことで相手がどんな気持ちになるかということを、まったく考えずに話をしてしまいます。夫は理解してくれましたが、その後しばらく母と会わせないようにしました。

こんな状態なので夫の両親ときょうだいには母を会わせていません。結婚当初は「父が亡くなって精神的に引きずっているので会わせられない」ことを理由にしていましたがさすがに何年もそれで持つ訳もなく、夫のきょうだいには母は統合失調症だということを話し、納得してもらいました。その後、夫の両親にも話をしたところ、義父は理解してくれましたが、義母があまり理解してくれず、ちょこちょこ「（私の）お母さんに会いたい」と言われました。義父が亡くなってからはその頻度が増えたので、配偶者を亡くした者同士で話をしたかったんだと思います。いずれ機会を見て会わせられたらなと思っていました。

8）家族会、同じ子どもの立場の方との出会い

私が家を出てからも、相変わらず私に「お父さんの居場所を教えて」としつこく言うので、どのように対処したらいいのか悩んでいました。そんな時、統合失調症を中心とした精神障がい者家族会の存在を知り、家族学習会というプログラムに参加しました。そこで私と同じ子どもの立場の、精神障がいの親に育てられた方と知り合うことができました。初めてわかり合える方と出会い、本当に嬉しかったです。家族学習会では「お父さんの居場所を教えて」の明確な答えは得られず、多少消化不良的な部分もありましたが、統合

失調症がどういう病気かを知ることができました。

9) 母の認知症〜始めて支援者に相談

　母は一人暮らしが長く、他人との会話はほとんどありません。家族学習会で統合失調症の人は認知症になりやすい[5]ということを知り、いつ認知症になるか不安でした。そこで、何かあった時のために携帯電話の見守りサービスを設置しました。数時間おきに私の携帯に情報が送られてきます。ある時、朝方まで起きている日が続いたので電話をしてみました。すると「虫がずっと飛んでいるのよ」と、現実とも妄想とも取れることを言っていました。気になって実家に行ってみると、キッチンがゴミだらけになっていました。

　とうとう恐れていた認知症になっていました。どうしたらいいのかまったくわからなかったので、インターネットで検索して近所の地域包括支援センターへ相談に行きました。介護認定を受けるためにはMRI（磁気共鳴画像）を撮影しなければならないと言われました。もともと病院嫌いで行こうとしない母の様子を伝えると、保健師さんが、「娘さんが実家に来ている時にたまたま高齢者の見回りで来たという設定で訪問します。健康診断にまったく行っていないようなので、病院のカルテを作っておくだけでいいので健診に行きましょう。災害が起きた時にも役立つし、娘さんも安心しますよ、という感じで提案します」と病院への誘導を教えてくださいました。

　保健師さんに来てもらい、2人で説得した結果、母はかなり渋っていましたが最終的には同意してくれて、MRIも無事撮影することができました。どんなに勧めても歯医者すら行かなかった母が、病院に行けたことは奇跡だと思います。これが認知症ではなく統合失調症の段階で受診できていたら、また違った生活になっていたかもしれません。第三者の介入で病院へつなげるなんて考えたこともありませんでした。統合失調症の対応の仕方で悩んでいた時に、相談できる場所があったら良かったのにと思いました。もしかし

---

5)　デンマークの大規模コホート研究では、統合失調症の人はそうでない人よりも認知症を発症するリスクが高いことが示されました（Ribe, AR., Laursen, TM., Charles, M., et al., Long-term Risk of Dementia in Persons With Schizophrenia - A Danish Population-Based Cohort Study, JAMA Psychiatry, 72（11）:1095-1101, 2015. doi:10.1001/jamapsychiatry.2015.1546）

たらあったのかもしれませんが、知るきっかけがありませんでした。

10) 看取り～老人ホームでの穏やかな生活

　その後、母は無事老人ホームに入所することができました。最初の２～３か月は統合失調症のような発言もしていましたが、だんだんそれもなくなり、認知症の部分が多く現れ始めました。それがとても不思議な変化だと思いました。統合失調症が影をひそめ始めた頃、義母と会わせても大丈夫かなと思い時期を調整していましたが、お互いの体調などがうまく重ならず延び延びになっていました。そんな中、母が突然亡くなってしまいました。入所後１年余りの出来事です。

　亡くなる３日前に会いに行った時は元気だったのに。義母に会わせることができなかったのが非常に残念です。でも母がホームに入っていた１年間は周りの人達から優しく受け入れられ、穏やかに暮らすことができました。統合失調症の部分があまり出なくなったのは、周りに受け入れられた安心感からなのかなとも思いました。一人暮らしの時とは雲泥の差だったと思います。たった１年間でしたが幸せに暮らせて、本当に良かったと思いました。

3. 川口麻美　50歳

> **子**：女性、一人っ子。小学校低学年から母と二人暮らし。高卒で就職。結婚して実家を離れた後も、母を養うために子ども二人を育てながら事務職として働く。
>
> **親**：統合失調症（妄想型）の母。妄想があるほかは正常で、他人に対する攻撃的な態度はない。近所の人でも精神疾患には気づかず、未治療のまま40年超を過ごす。娘の結婚後は一人暮らし。身体的な病気の発見をきっかけに現在は老人ホームで暮らす。

　私の母（現在76歳）は妄想型の統合失調症です。病名を知ってから、まだ3年です。病名で検索したことで、中村ユキさんの『我が家の母はビョーキです』というマンガの存在を知り、一気に読みました。私の母の症状は、妄想以外に問題はなく、命の危険を感じるような出来事はありませんでしたし、親に身の回りの世話をしてもらえないということもありませんでしたので、この本に出てくる統合失調症の症状は衝撃的でした。しかし、病気の親の元で育った経験から、その恐怖や絶望感、孤独感等、痛いほど理解のできる内容でしたので、読んでいて涙が止まりませんでした。精神病の親に育てられた子どもが自分以外にもいるということも、この時初めて知りました。同じような境遇の人がいるなんて、全く想像したことがありませんでした。

　マンガを読んで間もなく、同年代の5人の「子ども仲間」と出会うことができました。それは、普通の家庭で育った人には理解できない、普通ではない家庭を体験した人にしかわからない気持ちを、共有できる場となりました。長い間、心のどこかでずっと探し求めていたものだったような気がします。

1）幼児の頃〜発症と入院

　私の母が発症したのは、私が2〜3歳の頃です。数か月程入院したということを、大人になってから伯母に尋ねて知りました。昔だったので、病識がないということで注射で意識をなくして、強制的に入院させたようです。

しかし、退院後は治療中断となりました。

　物心ついた頃の私は、母をあまり好きではありませんでした。園児の私に勉強を教えようとした母から、「どうしてこんなこともわからないの！　バカなんだから！」とののしられたことを覚えています。

2）小学生の頃〜母に制約された生活

　私は一人っ子でした。母がそんなでしたから、父がお休みの日はいつも私は、父にくっついて出かけていたと思います。しかし、大好きだった父は、私が低学年の頃に家を出て行ってしまいました。とても悲しかったし、心にぽっかり穴があいたような感じでした。「私のせい？」と考えたこともありましたが、最終的には「母のせいだ」「こんな状態では出ていくのも当然」と思っていました。

　私が低学年の頃、母に学校での出来事を聞かれて、「それで？」「こうだったんじゃないの？」と誘導尋問のように話が進み、「○○さんに、○○されたのね」などと事実と違う話になってしまったことがありました。その時は話を合わせてしまいましたが、なんだか嫌だったので、それからはあまり話をしなくなり、自室でテレビを見て過ごすことが多くなりました。母は、几帳面な性格なので、私の持ち物はきっちりチェックして忘れ物がないようにしてくれていました。きれい好きなので、掃除や洗濯も毎日しっかりやっていました。でも料理は得意ではありませんでした。

　私には母から愛情を受けて育ったという感覚はありません。でも私に対して愛情がないとは感じませんでした。無下に扱われたり、叩かれたりもしましたが、虐待というほどのことではなかったと思います。

　母のおかしな言動を聞くようになったのは、父が出て行ってからのように思います。小学生の頃は、母から近所の人に関する妄想的な悪口を何十回、何百回と聞かされました。でもその人は、私にとっては親切でやさしい人でした。母の狂ったような言動を「ああ、またか」と思ってやり過ごす以外どうすることもできませんでした。

　その頃は、「きょうだいがいたらなぁ」と思っていました。おかしな母の状況を一人でどうすることもできなかったので、せめて状況をわかち合える

人がいればどんなにか心強いと思ってのことだったと思います。

　高学年になると行動範囲も広がるので、友達と電車に乗って買い物に行きたいとか、映画を観に行きたいとか、習いごとをしたいなど、特別なことではなく、まわりの小学生が当たり前にやっていることを母に言いましたが、「ダメ」の一点張りでした。きちんとした説明もないので納得できず「どうして？」と聞くと、ヒステリックになって「行く必要がないと言ったらないの！　どうしてわからないの！　バカなんだから！」と怒鳴られ、叩かれました。もっとひどい言葉も浴びせられ、悲しいやら悔しいやらという想いで、家では泣くことが多かったです。こんな時、「（母が）早く死ねばいいのに！」と本気で思っていました。

　母と口論になった時、「誰に育ててもらったと思っているの！」とよく言われました。そんな時私は、「産んでなんて頼んでない！」と思っていました。生まれて来たくなんてなかったと思っていました。友達の家の穏やかで優しいお母さんがうらやましいなと思っていました。

　父は、最低限の仕送りだけはしてくれていましたので、学校に払うお金がないとか、貧乏だと感じるようなことはありませんでしたが、母は、お金を使うことを極端に嫌いました。仮に貧乏で「うちにはお金がないから、ごめんね」という会話でもあったならまだ納得もできたかもしれませんし、愛情も感じますが、頭ごなしに「そんな物いらない！」と、言われるのですから、悲しさしかありませんでした。

3）進学せず就職〜母との関係の好転

　私は、母から進学を許してもらえなかったので、高卒で就職することになりました。今ほどではありませんが、進学する人が多かったので、高卒で就職しなければいけないということになった時は、恥ずかしいやら悲しいやら、とてもショックで残念な気持ちでした。大学や短大がダメと言われた時、専門学校の本などを見て夢を膨らませましたが、夢は完全に砕かれました。その頃、「生きていてもしょうがないな〜」と思ったことがあります。将来に対する希望は全くありませんでした。でも、死ぬことは怖いなと思ったので、生きていきました。「家出したいな〜」と思ったこともあり、お金を貯めて、

アパートを借りてと、真剣に考えたこともありました。ある日、母とケンカして「もう耐えられない！」と思って荷物をバックに詰めて「出て行くから！」と家を出たことがありました。50ｍも歩かないうちに、母が必死で引きとめに来たので踏みとどまりました。

　私が働き始めたことで、いろいろと状況が好転しました。収入は家に入れる他は自分で好きなように使えましたし、仕事も楽しかったです。遅く帰って文句を言われることもありませんでした。友達との旅行も、それまでであれば、反対されて行けなかったと思いますが、テニス旅行、スキー旅行、海外旅行にも出かけることができ、楽しい時期を過ごすことができました。

4）社会人〜母の病気を疑う

　20歳くらいの時、職場に知らない人から電話がかかり、出てみると地元の警察からでした。母が警察に現金書留を送ったとのことで、取りに来てくださいという内容でした。行ってみると、「警察は銀行じゃありませんよ」とバカにしたような感じで言われました。「私が送ったんじゃないのに！」と思いながらも「そんなことわかっています」としか言えませんでした。しかし勇気を出して「母はちょっとおかしいので困っているんです」というようなことを言ってみたのですが、とりあってもらえませんでした。警察官が精神病の人と接する機会は多いのではないかと思うので、もう少し、病気や相談先などの知識を持っていてくれればありがたかったと思います。

　ある日ふと「母は病気なんじゃないか」と思いました。そこで、父や伯母に聞いて初めて、母が精神病で入院したことがあると知りました。子どもの頃は、父が出て行ったのは、こんなおかしな性格の母のせいだと思っていましたし、理不尽なことで怒られたり、叩かれたりしたことがよくありましたから、「早く死ねばいいのに」と真剣に思っていた時期もありました。しかしこの時、「病気だったら仕方ない」「かわいそうに」「治るものなら治してあげたい」という気持ちに変わりました。

　そこで保健所に相談に行きましたが、訪問するにしても立ち会うように言われました。それは、当時の私にとって、とてもハードルの高い話で無理だと思いました。断り文句だと感じました。

病院にも家族相談という形で行ってみました。訪問診療はありませんでした。内科併設でしたので、母が風邪をひいた時にでも、連れて来てくださいと言われました。絶望的な気持ちにならずには済みましたが、そういうチャンスは訪れませんでした。

5）結婚

母がいるので、結婚できるだろうか、という不安がありましたが、今の夫にプロポーズされた時、フラれる覚悟で母のことを話し、会ってもらいました。

母は何の病気だろうと思って調べたこともありましたが、統合失調症は当時は精神分裂病という病気で、精神病については全く知識がなかったため、支離滅裂な状態の人を想像したので、それだけは違うだろうと思い、調べませんでしたので、ピンと来るものがありませんでした。

伯母に、母が昔入院した病院の名前を聞いて、行ってみました。カルテが保存してあり「たいした薬は出ていませんから、たいした病気ではなさそうです」と言われ、病名はわかりませんでした。結婚した場合に子どもに遺伝しないのかも聞いてみましたが「大丈夫でしょう」と言われました。

6）子育て〜自分で調べて乗り切る

25歳で結婚して家を出て、子どもを2人産み育てつつ、母を養う必要があったものですから、ずっと働いてきました。子育てをするにあたり、親はあてになりませんでしたので、育児雑誌を読みあさったり、友達に聞いたりして乗り切りました。実家には2〜3か月に1回ペースで生活費を置きに行くだけでした。結婚してから、あっという間に約20年が過ぎました。

7）高齢者介護〜様々な問題が降りかかる

母が70歳の頃、実家が老朽化しているので、大きな地震が来たらつぶれてしまうと思い、いろいろと調べました。精神障がいのある人が一緒に暮らすグループホームという場所あることがわかりましたので、電話をしてみたのですが、70歳なら介護保険の老人ホームのほうになると言われました。

介護保険と言われても、その時はピンときませんでしたので、中古のマンションを探したりもしましたが、購入できたところで本人が引っ越しに同意してくれる確証は全くありませんでした。今の家を建て替えるという提案をしても、到底受け入れないだろうと想像しましたし、アパートなどに移そうと思っても大家さんに受け入れてもらえないだろうと思いました。普通の人なら話し合って決められることでも、病気のために現実逃避してしまい、話しがかみ合わないので話にならないのです。

　家電や洋服を買ってあげても使わず、家の修理もしません。冷房器具も買わない母でした。「エアコンを買おうか？」と聞けば「いらない！ 買わないで！」と迷惑そうに強く言われるので、どうしようもありませんでした。熱中症で死んでしまうのではないかという心配をし、「何か困ったら電話して」と私の携帯の番号は教えてありましたが、電話をくれたことはありませんでした。

　昔はきれい好きの母でしたが、家の中は少しずつゴミ屋敷と化していきました。家の修理は、私が手を出そうと思えばできるかもしれないとは思っていたのですが、ひどい状態になったほうが、本人が納得して引っ越しを決断してくれるかもしれないと期待して放置していましたが、期待したようなことにはなりませんでした。

　この先、このボロ家でどうなるのだろうと不安でしたが、母が病気になり、その生活は終わりました。

8）母が身体の病気に〜医療へ

　ある日、実家に行くと、母が部屋から這って出てきました。顔がむくみ、目の周りは赤く、呂律がまわっておらず、震えていました。どうにかしなくては非常にまずい状況だと思いました（とは言え意識はしっかりしており、救急車を呼ぶほど切迫した状態ではないと思いました）。休日の夕暮れでしたので、休日診療の市立病院に行って「精神的な病気があるのですが、連れて来たら診てもらえますか？」と症状を話しましたが、「ここでは診られません」が結論でした。「精神的な病気」と言ったことで、ひどい状態の人を想像させてしまったのかもしれませんが、程度も聞いてくれることはなく、門前払いを

された感じの対応がショックでした。病院なのに、病気の人を診てくれない
なんてことがあるのかと思いました。唯一の頼りの病院がそんな状態でした
から、その日はどうすることもできず、食料だけ枕元に置いて帰宅しました。

　帰宅してからは、症状から考えられる病気やら、どこの病院がやっている
のか、どこの病院がいいのかなど、調べることがたくさんありました。夜中
に目が覚めて頭が一杯になって眠れませんでした。協力してくれる家族がい
るのに、帰宅してからはいつものように生活している様子を見ると、母のこ
とを真剣に考えているのは私だけと、孤独感を感じました。そして病院に連
れて行くことができなければ、死んでしまうのではないかと思うと、恐怖で
体が震えました。「誰か助けて！」と思いました。

9) 地域包括支援センターに支援を求める

　まず24時間体制で電話相談を受け付けている精神科の病院に電話しま
した。介護認定をしてもらうよう言われ、連絡先も教えてもらいました。そし
て母の住居地を管轄する地域包括支援センターに電話しました。休日のため、
当番のＡさんが持ち帰った携帯電話で対応してくれました。認定について、
そして、精神的に問題のある母を病院に連れて行くにはどうしたらよいかと
いう相談をしました。長い時間私が納得するまでずっと話を聞いてくれて、
必要な情報をくださいました。救急車を呼んでも、本人が乗ることを拒否す
れば、家族以外がむりやり乗せることはできないと知りました。アドバイス
によって、私が説得して病院に連れて行くしかないという決意を固めました。

　翌日、病院に連れて行くための説得に３時間かかりました。母は「寝て
いれば治る、病院なんて行く必要がない」と言い張りました。私の頭の中に
は「母には何を言っても無駄」という教訓がこびりついていますから、説得
しなければならないとわかっていても、説得するのは無理と思っている自分
がいました。

　今までは、母のことで家族に迷惑をかけたくないという想いが強かったの
ですが、この日ばかりは夫と娘に協力を依頼しました。夫の協力がなかった
なら、母を病院に連れて行くことはできなかったと思います。

　夫が「救急車呼んでもいいんだけど、自分の車で行けば近所の人にもわか

らないでしょう」と具体的な情景を描いて説得したことによって、母が動いたのです。ちょうど人目を気にする母のツボにはまったのだと思います。私にとっては、奇跡的な出来事でした。母は「絶対に家に連れて帰ること」を私たちに約束させました。そのまま入院させたい気持ちでしたが、まずは、受診できることが一番大事でしたので、約束しました。

その日も休日で、その病院には非常勤の内科の先生しかおらず、病名もはっきりせず、応急処置的な薬だけいただいて帰りました。「○日にまた来てください」と言われましたので、母には「○日にまた行くよ」と言い聞かせました。その病院には「精神病」という言葉は使わず、「ボケていますので、変なことを言うかもしれません」にしました。実際のところ、母の精神病の症状はその程度なのです。

次の受診日に、地域包括支援センターのＡさんと、病院で会う約束をしました。予定もあって忙しい中、駆けつけてくださいました。電話相談時の話しから、ひどい状態の家にこれ以上母を住まわせておきたくないという私の気持ちを察してくれていました。また、電話を切った後に、何か相談の履歴が残っていないかとデータを探してくれたとのことで、半月前に具合の悪そうな母をみかけた近所の人からの通報があり、その支援センターの人が民生委員さんと一緒に家を訪ねてくれたことがあったけれど、「ドアを何度叩いても母は出て来なかった」という記録があったそうで、これはただごとではないと思ったそうです。

その日の私は母に付き添って病院にいるだけで目一杯でした。何をどう説明するかで頭がいっぱいでした。２回目の受診なので、ほとんど抵抗されずに連れて行くことはできましたが、できれば入院させたいという想いでした。しかし、お医者さんの診立てでは入院不要とのこと。「こんなに具合が悪そうなのにですか!?」と言って初めて聴診器をあててくれて、「おやっ。不整脈がある、もっと大きな病院へ行ったほうがいい」と言われました（入院設備もあり、十分大きな病院だと思っていたのですが）。

10）老人ホーム入所～母の生活が劇的に変わる

Ａさんは、その日のうちに母を病院からそのまま老人ホームのショートス

テイに入れる手配までしてくれました。これも私にとっては奇跡的な出来事でした。私が話すよりも先に、私が次にしたいことを考えて手配してくれるすごい人でした。涙が出るくらい有難い出来事で、母のことは、長い間、誰にも何も助けてもらえませんでしたので、この日Aさんに助けてもらえたことは一生忘れられません。とても感謝しています。Aさんのおかげで母の身辺環境は劇的に変わりました。私一人ではとてもそこまでを一日でやり遂げることはできませんでしたので、本当に助かりました。

　老人ホームで手続きを終え、「具合が悪いから、しばらくここでお世話になるんだよ。明日また来るから」と声をかけると、納得してくれたようでした。一時はあと5年の命とも言われましたが、今は病気の状態は落ち着いています。

　老人ホームに入って早3年。他の病気の受診のついでに念願の精神科にもかかることができましたが、軽い妄想は持続しています。治してあげられないのは残念です。

　ホームには、認知症の人が沢山いて職員さんはその対応を勉強して慣れていますので、変なことを言い出してもうまくかわします。私はそんな対応方法を知らなかったものですから、真っ向から「それは違うよ！」と否定してしまっていました。ですが、本人にしてみれば、訴えている内容は本当のことだと思っているのですから、まずは話を聞いて受け入れてあげ、心を落ち着かせるということが重要だと知りました。周りが反論することによって本人の症状が悪化するということをもっと昔に知りたかったです。

　現在、本人は体の病気からは現実逃避しており、手術しなければいけない病気があるのに「それは誰か別な人の話」と言って手術を拒否しますし、そういう人の手術を受け入れてくれる病院もなさそうです。「手術はできますが、24時間付き添ってください」と言われました。その病院の場合、1〜2か月程の入院が必要な病気です。これは断り文句なのでしょうか。精神病や認知症だと身体の病気の手術は受け入れてもらえないという現実を知りました。

　ホームに入った後に、一度別の病院に入院したことがあります。この時母は点滴を引き抜いてしまいました。認知症の老人にもよくあることのようで

す。しかし、そのために身体拘束されました。手にミトンをはめ、手足をベッドに紐で拘束されたのです。紐がゆるくて寝返りが打てるほどならまだいいのですが、ぎゅっと縛られていた時の母は100歳の老人のような形相となりました。その姿を見た私は、帰りの車の中で涙が止まりませんでした。

　私がいる間は紐をはずしてもらえたのですが、帰る時にはまた縛ることになります。はじめてのことで、その時は頭がまわりませんでしたが、私がいる間ははずしてもらえるのでしたら、仕事を休んででも、なるべく長い時間いるようにしてあげればよかったと後悔しました。点滴を引き抜いたことで、飲み薬での治療に切り替えることになり、拘束は徐々に解かれました。

　24時間付き添うように、というのはそういうことを想定しているのだと思いますが、手術をして、体からチューブが出ている状態のものを引き抜くようなことがあったらと考えた時、それは一瞬のことだと思いますし、付き添っていても防げないだろうと思いました。後になって母は「手足を縛られた夢を見た」と言いました。この病気は現実と夢の区別がつかないのでしょうか。夢だと思っているのなら良かったと思いました。

　このような状況ですので、いつまで生きられるかはわかりませんが、ホームに入って、やっと人並みの衣食住の整った暮らしをすることができるようになったことはとてもありがたいです。

11）今の私〜子ども仲間に出会い活動

　統合失調症は100人に1人がかかる珍しくない病気と知りました。若い頃に発症して、長い人生を本来の自分の姿ではない状態で過ごすことになり、家族も含めて人生が狂ってしまいます。

　精神病の親の元で育った子どもの状況はまだほとんど知られていません。私の子ども時代の体験はもう40年も昔のことですが、現在20歳代の子ども仲間もまた、つらい体験をしています。それはまだごく最近の話です。ということは今も同じような状況にある子はたくさん存在しているのだと思います。

　大学の先生方の呼びかけによって、昨年から子ども仲間と活動をするようになりました。せめて成人した子どもの立場の仲間が集える場が欲しいと思

ったことからの活動でしたが、こうして体験談を書くことで、今まさに親と暮らしながら苦しんでいる子どもたちに、少しでも支援者の救いの手が届くことにつながることを期待しています。

　その家庭環境から救い出してあげることはできないとしても、声をかけて、孤立している心を救ってあげて欲しいです。一人じゃなくて、仲間がいっぱいいるんだよということを伝えて欲しいです。その子どもたちは、支援が必要なふうには見えないかもしれません。しっかりしていて、「大丈夫です」と言うかもしれませんが、きっと心の中では助けて欲しいと願っています。どうか、一度だけでなく、何度も声をかけてあげてください。気にかけてくれる人がいるというだけでも心の支えになるのです。

TOPIC ＊家族による家族学習会とは

「家族による家族学習会（家族学習会）」[6][7]とは、精神障がい者の家族を対象に、同じ立場にある精神障がい者家族がテキストを用いて、病気や障害の正しい知識を提供し、家族自身の体験的知識を共有する小グループで行う体系的なプログラムです。

統合失調症の発病、再発には患者の持つ精神生物学的脆弱性や環境要因に関連があるとする「脆弱性―ストレスモデル」が提唱されるようになりました。さらに、家族の批判的コメント、情緒的巻き込まれの感情表出（EE：expressed emotion）が患者の再発に影響するという理論を背景に、専門家による統合失調症家族への「心理教育」が行われるようになりました。この「心理教育」は、家族に病気や障がいについての正しい知識を提供し、家族の対処技能の向上を図ることで、再発を防止しようとするもので、保健所や医療機関で広く取り入れられるようになってきました。

そのような中、国外では専門家ではなく家族が家族に教育するという、新しい取り組みが行われています。欧米では、1991 年に精神障害者家族会連合会（NAMI）によって「Family-to-Family Education Program（FFEP）」が開発され、全米各地で実施されています。また、香港では、2000 年に「Family Link」が開発され、香港を中心に周辺アジア諸国に広まっています。

わが国では、2007 年度から、地域精神保健福祉機構（コンボ）が、「家族による家族学習会」という、家族ピア教育プログラムの開発・普及事業を開始しました。これは、精神障がい者家族会（以下、家族会）の会員が担当者となり、家族会につながっていない家族に提供する、体系的な家族ピア教育プログラムです。10 〜 15 人程度の小グループで、1 回 3 時間、5 回を 1 コースとして実施します。このプログラムは全

6） 蔭山正子・飯塚壽美・小林清香・横山恵子：精神障がい者の家族を支える家族ピア教育プログラム〈第 1 報〉必要とされる背景とプログラムの概要，コミュニティケア，15（14），65-67，2013.
7） 横山恵子・小林清香・飯塚壽美・蔭山正子：精神障がい者の家族を支える家族ピア教育プログラム〈第 2 報〉「家族による家族学習会」の実際と今後の可能性，コミュニティケア，16（1），66-69，2014.

国に広がり、2017年9月末までに延べ2500人以上が参加しています。専門家の「心理教育」の目標が患者の再発予防であるのに対して、「家族学習会」では家族のエンパワメントを目標とすることで、参加家族は仲間との共感の中で、実践的な知識が得られるのが特徴です。

　しかし、「家族学習会」を実施している家族会員の多くは親であり、親を中心に開催されるため、きょうだいや子どもの立場の家族が参加する機会は多くありません。特に、世代の違う子どもの場合は、これまでのテキストでは体験の共有が難しく、親中心のグループの中では、共感が得られにくいという状況がありました。

　そこで、子どもの立場の家族学習会を2015（平成27）年に始めました。2015年には6人の子どもの立場の担当者が、5人の子どもの立場の参加者に、初めて家族学習会を実施しました。翌年の2016年には、参加者のうちの2人が担当者になり、7人で11人の参加者に2グループで、家族学習会を実施しました。家族学習会では、幼児期から小学生、中学生、高校生、成人して、というように、ライフサイクルに沿って、体験を話していきますので、心の奥にしまいこんでいた過去の記憶や体験が思い出されて、辛い気持が起きることもありますが、新たな発見があったといいます。恋愛や結婚、子育て、親の介護についても、語り合います。年齢は、20代から60代まで幅広い方々が参加されましたが、年齢が離れていて話しづらいなどの年齢的な違和感はなく進行していました。結婚、子育て、親の介護についても話しますので、多様な年代があることで、将来に起こりうることも予測でき、とても参考になるようでした。

第2節 ❖ 精神科治療につながった親に育てられた子ども

　第1節の千葉あきさんと石井百合さんは、地元の家族会が開催した親中心の家族学習会に参加し、そこで出会いました。そのお二人と川口麻美さんを入れた3人を中心にして、2015（平成27）年から子どもの立場に限定した家族学習会を研究事業として試行的に開始しました。本節では、その家族学習会に2015年もしくは2016年に関わった方のうち、6人の体験をご紹介します。彼らは、いずれも精神科治療につながった親に育てられました。

1. 川内みなみ　25歳

> 子：女性。父、母、3歳年下の妹と4人で暮らしていたが、小学生の頃から母の自傷行為が始まり、その後両親が離婚、父子家庭に。対人援助職を志し大学院に進学、現在は一人暮らし。
> 親：母が統合失調症。離婚後、実父母とその家で3人で暮らす。発病を機に離職したが、介護士や精神保健福祉士の資格取得のため勉強し、社会復帰を目指す。その後がんが再発し、現在闘病中。

　私の母は、統合失調症です（診断名が変わるので、本当のところはよくわかりませんが、今のところはこの診断名のようです）。私が小学生の頃に病気を発症しました。私が母と暮らしていた時期はまだ、うつの症状が強く出ていたころでした。

1）小学生の頃～変わっていく母と家族

　病気になる前の母は、明るくて社交的な人でした。今考えると、病気になる前から、運転中にいきなり興奮して激しく蛇行運転をしたり、家でめそめそ泣いていることが多かったり、感情に波のある母でしたが、当時は「そういう人」だと思っていました。

母は、私が小学校中〜高学年頃に乳がんを患いました。乳がん発覚後から、母は笑顔が少なくなり、かなりショックを受けていたように見えました。がんの手術をすることになり、母にお守りを作ったことを覚えています。その後、手術は成功したという話を聞いて喜びました。しかしながら、手術が終わった辺りから、母が家にいることが少なくなりました。後になって、乳がんの手術は成功しましたが、どうやら「うつ」という病気になっていて、それで入院しているというようなことを説明されたような気がします。小学生だった私には、「うつ」とは何のことなのか、さっぱりわかりませんでした。

　ある日、母が家に戻ってきました。しかし、以前の母とは全く違っていました。「うつ」がひどくなってからはいつも家で寝てばかりで、ほとんど部屋から出てくることはなくなりました。また、仕事を辞め、家事もほとんどしなくなりました。それから、どんどん太っていって、お風呂に入らなくなったり、お化粧をしなくなったり、身なりにもあまり気を遣わなくなりました。私は、そんな母をどんどん毛嫌いするようになっていきました。仕事をしないでグータラしている母は、父のお荷物だと思っていました。それなのに、時々高価な買い物をしてきたり、高額のエステに行きたいなどと突然言い出したりするので、母に対する嫌悪感はさらに強くなっていきました。それが病気の症状だとわかったのは、大人になってからのことです。最初は、入院時の世話など献身的に母の世話をして、母の味方をしていた父でしたが、症状が悪くなっていくにつれて、父と母はケンカすることが多くなりました。父が母に暴力のような行為をすることもありました。その頃の家庭の雰囲気は最悪でした。ケンカが始まると、妹と二人で安全な場所に隠れて泣いていました。私は姉だったので、妹のことは私が守らなければならないという気持ちが強くあったことを覚えています。さらに、父の私に対する扱いもだんだんと粗暴になっていきました。どんな理由だったかは覚えていませんが、小学校高学年の時は、口をきいてもらえませんでした。父に口をきいてもらえなくなったことは、当時の私にとってとても辛い経験でした。家事も私の分だけやってもらえなくなったので、休日のお弁当は自分で作り、洗濯や掃除も自分の分は自分でやるようになりました。

2) 中学生の頃～家の問題を隠す

▶生活状況について

　両親が共働きだったこともあり、もともと祖父母の家に預けられることが多く、平日の食事は祖母が提供してくれていました。そのため、食事についての困り事がなかったということは恵まれていたと思います。休日の食事やお弁当だけ何とかすれば十分やっていけました。また、部活動に熱心に取り組んでいたので、部活動のことを考えることで、家の問題から逃げようとしていたと思います。友達との付き合いは、基本的に私が友達の家に遊びにいくことが多かったように思います。時々、私の家に遊びに来ることもありましたが、当時私は母のことを友達にどうしても見せたくないと思っていました。そのため、母があまり活動しておらず、2階の部屋に閉じこもっている時間帯に、家に誰もいないということにして、友達を呼んでいました。家に友達を呼びたいという気持ちはありましたが、そんなふうに嘘をついていたので、内心はビクビクして、いつバレてしまうだろうかという緊張感の中にいました。常に母の動きにアンテナを張っていて、少しでも2階に動きがあったときには、「ちょっと外に行こうか！」と友達を外に連れ出して誤魔化そうとしたこともあります（おそらくバレていなかったと思っていますが）。

▶母に対する混沌とした気持ち

　私が中学生になると、母は自分のつらい気持ちや入院中の出来事などをよく私に話してくるようになりました。母は「私のことをわかってくれるのは、あなたしかいない」と、よく言っていましたし、それに伴って私も「彼女のことをわかってあげられるのは私しかいない」と思うようになりました。一方、しばしばパニックで過呼吸になり、急に倒れることがありましたが、私がどうしたらいいのかわからずに呆然と眺めていると、母は「私が死んでもいいのか！」と怒り出すということもありました。私に対して、日によって甘えてみたり、怒ってみたり、理不尽に振り回されていたように思います。そんなふうだったので、母を嫌う気持ちと、放っておけないという気持ちの混沌の中にいました。

　中学生の頃に、子どもの一番の理解者であってくれるのは、おそらく普通は親なのだろうと思います。しかし、私は母の一番の理解者であろうとする

一方、自分自身の理解は母に求めませんでした。「求めなかった」というよりは、「求められなかった」のかもしれません。母に対して、何かを期待することがなくなりました。まだ中学生なのに、母親の相談にのっていて、自分のほうが親の立場のような感じもしていました。今でも、「こう答えたら母が傷つくだろうか」「どういうふうに返事してあげたらいいだろう」と過剰に考えすぎてしまうことがあります。さらに、母以外の大人に対しても、相談するなどといったことはしませんでしたし、相談しようと考えたこともありませんでした。当時、叔母がとても心配していて、時々気にかけてくれていることはひしひしと感じていましたが、私はそれに対して拒否的でした。今考えると、申し訳なかったなぁと思います。どうして素直に受け入れなかったのか、よく覚えていませんが、母が病気であるということに対して「恥ずかしい」という気持ちを抱いていたのかもしれません。また、私は母の問題を最小単位での「家族内部」の問題であると捉えていて、他人に介入されたくないというか、隠しておかなければならないことであるような雰囲気があったのではないかと思います。

▶母の自殺未遂

　ある日、母が腕にリストバンドを巻いていることに気がついて、「それ、どうしたの？」とたずねたことがありました。母は、「階段で転んで怪我をした」と話していましたが、なんとなくそうではないことには気がついていて、「きっと自殺しようとしたんだ」と思いました。「母親が自殺未遂をした」ということが、私には恐ろしくてたまりませんでした。加えて、母に嘘をつかれたというモヤモヤした気持ちと、誰もそれについて教えてくれない不安を感じました。しかし、そんな母のことを友達に相談することはありませんでした。なんとなく、話してはいけないことのような気がしていたからです。会話の中で、友達がお母さんの話をすることがあり、「（私の）家はどうなの？」と聞かれると、なんとかごまかしてその場を取り繕ったり、嘘の出来事をでっちあげて話したりしました。心の中では、「なんでうちだけこんな変なお母さんなんだろうか？」という気持ちを抱えていました。学校では、なんとか普通の中学生でいたいと、必死だったのかもしれないなぁと思います。「母親が自殺未遂した」なんて重い話を、一体誰が聞いてくれるん

でしょうか。誰にも話せないまま、夜に自室で誰にも気づかれないように声を殺して泣くようになりました。

　私が高校受験を控えていた時期、母は大量服薬をして再び自殺未遂を図り、その後、薬の処方を止められていたようでした（母の服薬のことや、病気の症状のことについては、中学生の時には何も説明されていなかったので、何も知りませんでした。当時のことは、最近になって母が話してくれたことで、ようやく知りました）。薬を服用していなかったためなのか、症状が悪化し、些細なことで激昂して騒ぎ立てたり、ありもしないことで怒り出したりするようになりました。しかし、もう父もそれにかまうことすらしなくなりました。私は、「お母さんがいたら勉強なんかできない！」と妹を連れて一緒に家を出ていきました。祖父母の家に逃げ、「なんで、こんな変な母なのだろう」という悲しみと、「どうして、あんなことを言ってしまったのだろう」という後悔の2つの気持ちで心がいっぱいになり、初めて家族（祖母と妹）の前で泣きました。家族の前で泣いたのは、おそらくこのときが最初で最後だったように思います。

▶誰にも頼れない

　とても印象的だったエピソードに、家族旅行の時の出来事があります。中学校を卒業する前に、なぜか家族全員で旅行に行きました。母は病気のためにあまり速く歩けず、すぐに疲れてしまいます。父はそれに構わずどんどん前へと進んでいって、妹もそれについていきました。私も、父のペースについていくことはできたのです。でも、どうしても、どうしても、母のことを置いていくことができませんでした。散々悩んだ挙句、結局私は母のそばに駆け寄っていきました。母の元に戻ったものの、それに気づかずにどんどんと前に進んで、遠ざかっていく父の背中を見て、もうこの人のことは当てにできない、と感じました。このエピソードの少し後に聞いたことですが、父は、母に対して「（私の）面倒はもう見ない。お前の担当だ。」と言っていたようです。私はそれを聞いて、かなりの衝撃を受けました。「『担当』って何なの？」「親って担当制なの？」「私の親を降りるということなの？」。母親は病気だし、父には見放されてしまうし、もう周りに頼れる大人が誰もいなくなったような、絶望的な気持ちになりました。それ以来、父のことは「お

父さん」と呼べなくなりました。今でも呼べません。親に頼ってもどうしようもないという諦めの気持ちから、何でも自分でやるようになりました。

3) 高校生の頃～大人は誰も頼れないという諦め

その後、両親は離婚しました。離婚の話を父から聞いた時に、私が発した言葉は「良かったね」でした。これで、父はあの面倒な母と一緒に生活する必要はなくなるし、母のことでやきもきした生活を送らなくても良くなるのだという安堵感もありました。「こうなって良かったのだ」と強く自分に言い聞かせて、自分を保とうとしていました。しかし、様々な思いを抱えていた中で、一番大きく圧し掛かっていたのは、後悔の気持ちでした。「母親にもっと優しく接していれば」「話をよく聞いてあげていれば」「父の負担を少しでも減らしてあげられれば」「私にもっと力があったら、家族は壊れずに済んだのかもしれない」と思いました。どうして家族は壊れてしまったのだろうか。私には何ができたのだろうか。悶々と考え続ける日々が始まりました。この時の気持ちが、その後の進路選択へ影響を与えていると思います。

母とは、離婚を機に別居することになり、その後5年程ほとんど連絡を取ることはありませんでした。何度か私宛てにも手紙がきたりしていたようですが、父がそれをシュレッターにかけて捨てているのを見ました。母宛てに書いた手紙もありましたが、切手を貼ることができないまま、机の奥にずっとしまってありました。また、両親が離婚したことや、母がいなくなったことについて、誰かに相談することはありませんでした。高校生のときに、自分の家族構成について記入する用紙がありましたが、それにはあたかも4人家族であるかのように書いて提出しました。そのため、高校生の時の先生たちは、私の家の事情を一切知らなかったと思います。高校を卒業する少し前になって、進学関係の書類を提出する際、仕方なく「父子家庭」と書いて提出したときに初めて先生から呼び出されて、「これ、今までどうして黙ってた？」と聞かれました。私は、「言う必要がなかったからです」と答えました。それがわかったところで、一体何をしてくれたのだろうかと考えました。高校生になっても、なるべく他の人と同じように、同じように、過ごしていきたいと必死でした。そのような思いを抱く一方で、高校生の頃は今考

えても恐ろしいほど暗かったと思います。高校生の頃で、思い切り笑った写真はほとんどありません。友達に、自分の本心を言わなくなりましたし、自ら進んで友人の輪の中に入っていくことができませんでした。本当の自分を見せるのが怖かったのかもしれません。

　進路については、誰かに相談することはほとんどありませんでした。この頃から私は、どうして母の病気のことについて、今まで誰も教えてくれなかったのか疑問に思うようになりました。例えば、病院に一度お見舞いに行ったこともありましたが、先生や看護師と話した記憶は一切ありません。また、中学生の頃に、母が「娘にこんなことを言われた」ということを担当医に話していたようで、それに対してその関わり方はダメだとか良いとか、母の口から間接的に聞かされたことがありました。「先生がこう言ったから、〇〇（私の名前）もこうすれば良い」と、病気の本人から言われて、変な気持ちでした。なぜ直接伝えてくれなかったのでしょうか。私は、顔も見たことのない大人に、知らないところで自分の対応を評価されていて、「なんでそんなことされなきゃいけないんだろうか」と感じていました。そうした評価をされていたことが、現在の他者の評価を気にしすぎる傾向につながっているように考えます。　加えて、行政などの人が訪問にきてくれたことも1回もありませんでした。特に、私が住んでいたような地方では、行政の人たちがそれを知っていたかどうかも危うく、地域性もあって（「あの人の家のお母さんはちょっとおかしい」といった情報は、田舎の場合はすぐに広まってしまうため）そうした支援の行き届きにくさのようなものがあるのではないかと思います。さらに、学校にも、家庭の状況が全く伝わっていない状況だったので、中学校・高校共に、何の介入もありませんでした。もし、誰かが母への関わり方について教えてくれていたら、誰かが他者への相談の仕方を教えてくれていたら、どこに相談すればいいのか教えてくれていたら、「そんなに頑張らなくてもいい、子どもは子どものままでいていいのよ」と誰かが教えてくれていたら、私は今よりも、もう少し生きやすかったのではないかと思います。

4) 大学生の頃〜母との再会と母からの学び

▶母との再会

　大学進学を機に家を出て、一人暮らしを始めました。そして何年かぶりに、思い立って母に会いに行きました。なぜ会いに行ったのか、自分でも理由はよくわかりません。やっぱりどうしても、母のことを放っておくことができなかったのだと思います。久しぶりに会った母は、うつむいて暗い顔をして苦しそうにしていましたが、時折笑っていました。おそらく、症状が重い時期だったのではないかと思います。私にとっては、久しぶりに見た母の表情が一番ショックでした。しばらく会っていなかったため、母の記憶は当時のまま止まってしまっていたのですが、改めて母と会って、「ああ、母は病気なんだ…」という事実を目の前に突き付けられたような気持ちになりました。でも、娘にようやく会えたことが彼女にとって嬉しかったのだということは、ひしひしと伝わってきました。病気になっても、離れて暮らしていても、母がずっと変わらずに自分のことを思い続けてくれていたということに、喜びを感じました。

▶がん再び、共に病と闘う

　母と再会し、これから母との関係を再構築していこうとしていた折、母ががんを再び発症しました。母も新たな目標に向かって勉強を始め、私はそれを応援していこうと前向きな気持ちになっていた、その矢先のことでした。「何で母ばかり、こんなにも辛い思いをしなければならないのだろう」と自分自身もひどく落ち込みました。一方で、母が死んだらどうなるだろうかと考えました。現在は、祖父母（母の実父母）が健在で何とかやっているけれども、もし2人が亡くなってしまったらどうしようという不安は、以前から常に私の心にちらついていました。いっそのこと、ここで死んでしまったほうが、自分はこの呪縛から解放されるんじゃないか、そんなことも考えました。そして、そんなことを考えてしまう自分に対して深い罪悪感を抱きました。

　母のがんがわかってから、新たに気づきを得られたこともありました。それは、彼女の「生きたい」という思いです。

　今までは、自傷行為ばかり繰り返していた母を見て、「彼女は生きること

に後ろ向きなんだろう」とずっと思っていました。しかし、がんになってから、治療の励みになるようなものを自分で見つけてきたり、旅行に出かけたり、「早く治りたい、元気になりたい」という気持ちをとても強く持つようになりました。彼女は、以前よりも力強く、生きることを楽しんでいるように見えます。

　もし自分が母の立場だったら、すぐに諦めてしまいそうな気がします。このことから、もしかしたら本当の母は、「人一倍生きる力が強いんじゃないか」と感じるようになってきました。今は、そんな母の姿を見て、「今は彼女が生きようとしているんだから、それを応援しよう」という気持ちに自分も変化し始めています。

　子どもの頃は、十分な時間を過ごすことができなかったし、自分の気持ちを伝えることもできなかったけれども、今は家族として共に病と闘っていくことができるような気がします。母と私の闘いは、このように違う形になることもあるかもしれませんが、これからもずっと続いていくんだろうと思います。

5）仲間との出会いとこれから

　こんな経験をしてきた私は不幸だし、普通の家で幸せに育ってきた人がうらやましいとずっと思って、塞ぎ込んで生きてきました。けれど、自分よりもっともっとつらい経験を笑いながら話す仲間と出会って、ようやく自分もこうして体験を話せるようになりました。これからは同じ立場の方たちに、「ひとりじゃないよ」「いつまでもずっと苦しいわけじゃないよ」ということを伝えていきたいと思っています。また、誰かが声をかけてくれる、気にかけてくれるということだけでも大きな救いになります。そのためには、まず私たちの存在を知ってもらうことが必要だと考えています。少しでも多くの人に、こうした子どもたちのことを知ってもらえるようになることを願っています。

2. かない はな　28歳

> 子：女性、妹１人（統合失調症）。幼い頃に両親が離婚、父と妹と３人で
> 暮らす。就職を機に一人暮らしを始め、現在は対人援助職者として障が
> い者支援施設で働く。独身。
>
> 親：父が40代でアルコール依存症を発症。その後うつ病から躁転を繰
> り返し双極性障害と診断される。独居生活が困難なため、現在精神科に
> 入院中。

1）乳幼児期の頃～父と祖母に育てられる

　３歳の時、両親が離婚し私と妹は父に引き取られました。父が仕事をして
いる時は離れて暮らす祖母が私たちの世話をするために毎日家に来てくれま
した。祖母は妹の方ばかり可愛がっていたため、母親代わりと考えたことは
一度もありませんでした。この時から「妹の面倒をみるように」と言われ続
けていたこともあり、肉親に甘えるということは一切ありませんでした。情
緒面では家族に育てられるというよりは、保育園の職員や友人の家族に支え
られていたように感じます。それでも父は平日は毎日朝食を作り、休日はい
ろいろなところに遊びに連れて行ってくれました。遊戯で使う道具も手作り
してくれました。ただ、他の友人と比べて不格好で可愛げのないものだった
ため、私はあまり嬉しくありませんでした。それでも周りからは「お父さん
が作ってくれるなんてすごいね」と言われ、不満に思っても口にすることは
できませんでした。この頃、私にとって父は偉大な存在であり、逆らえるよ
うな相手ではありませんでした。

2）小学生の頃～父の病気の始まり

　小学校へ入学すると私はしっかり者というレッテルを貼られ、友人たちか
らはよく頼られる存在になりました。私にとってもそれがステイタスであり、
大人からも褒められることで愛情を受けている気がしていました。父は仕事
で精一杯だったこともあり、目を向けられていると感じることはあまりあり
ませんでした。嫌なことでも表現できず悟ってももらえず、我慢して父の言

われる通りにしていました。友人との差を感じ始めてきたころ、父がわかってくれないのなら自分でなんとかしようと行動するようになりました。父の作るお弁当はおかずが1品だけというような簡単なものだったので、自分で理想の彩りのあるものを作りました。あの頃は、母親がいないということに劣等感を持っていましたし、少しでも他の子と同じようになりたかったのです。妹も小学生になったことで、父にとっても私たちにとっても生活を支えてくれる存在は少なくなりました。その頃から、父がお酒を買ってくる頻度が多くなりました。次第に夜中によくうるさくなるようになり、その低く響く声を聞かないように布団をかぶって寝ていたことを覚えています。幼いながらに何か変だと感じてはいたものの誰かに話すということはありませんでした。父といつも一緒に寝ていた妹が祖母に「お父さんがおかしい」と伝えました。祖母からは「なんで一番下の子が気がついたのにお姉ちゃんが気がつかないんだ」と言われました。気づいていたけれど、祖母には心配事を相談できる関係性ではありませんでした。「私がいけないんだ」と思いました。幸いにも父は自ら受診し、アルコール依存症[8]のために入院することになりました。どうして入院することになったのか、病気のことについて詳しく教えられることはありませんでした。父が入院中は祖母が泊まり込みで家にいてくれましたし、学校の先生も気を遣って声をかけてくれました。もともと日常生活で父との関わりは少なかったこともあり、寂しいと感じることはありませんでした。退院した時も「帰ってきたのか」くらいにしか思いませんでした。1年後、父は再飲酒し、泣きながら家族全員に「もうだめだ。また入院しなければならない」と報告がありました。その姿を見て、以前のたくましい父とのギャップに戸惑いました。そして「この人にはもう頼れない」と思いました。お酒のせいで父が壊れてしまったという認識はあったので、父にお酒の情報が入らないようにと気を遣うようになりました。何かの集まり

8)　アルコール依存症とは、「大量のお酒を長期にわたって飲み続けることで、お酒がないといられなくなる状態。その影響が精神面にも、身体面にも表れ、仕事ができなくなるなど生活面にも支障が出てきます。またアルコールが抜けると、イライラや神経過敏、不眠、頭痛・吐き気、下痢、手の震え、発汗、頻脈・動悸などの離脱症状が出てくるので、それを抑えるために、また飲んでしまうといったことが起こります」（厚生労働省：知ることからはじめよう　みんなのメンタルヘルス　アルコール依存症　http://www.mhlw.go.jp/kokoro/know/disease_alcohol.html）

があった時にアルコールを勧められる父が「だめなんで…」と断っている姿を見て、哀れにも思いました。祖母からは父の病気について「他人には絶対言ってはいけない」と教えられていました。後々聞いた話ですが、母も妹を産んですぐに精神科へ入院しており、祖母からは「母親はお前たちを捨てて行ってしまったんだ」ということを小さい時からことあるごとに言われていました。母のことも、父のことも「これから先、お友達にも結婚する時には相手の人にも絶対言ってはいけない。他の人は嫌がるから」と言われ続けました。どうして嫌がられるのか理解できませんでしたが、「恥ずかしいことなんだ」「他の人とは違うんだ」という認識をしていました。「家族のことを話してはいけない」という教えは私の中のトゲとなり、ずっと取れないままでいます。「妹の面倒をみてね」「お父さんの手伝いをしなくちゃだめだよ」と大人に言われたことを忠実に守っていこうとする真面目な性格もあり、また良い子でいることで周囲に自分の欠けているものがあることを悟られずに済むと思っていました。優等生でいることで他人に迷惑はかからないし、手間がかからない子でいれば大人から褒められました。自分から大人に甘えたこと、抱きしめてもらったこと、思い出そうとしても全く記憶にありません。少しずつ他人と距離をとるようになり、自分の感情を出しづらくなっていました。

　アルコール依存症に関しては完治しましたが、それから父は家事を行うことはほとんどなくなりました。仕事もやめ、今までの交流を一切たっていました。夕食は祖母がスーパーで買ってきたお惣菜をそれぞれが好きな時に食べ、一家団欒で手作りの食事をとることはありませんでした。妹はこの頃から学校を休みがちになり、家で祖母に与えられたゲームをして一日過ごしていました。小学校を卒業する頃には私が家族みんなの食事を用意することもありました。その当時は料理することが自分の自慢になっていましたが、今思うと一般的な家族という形に近づけようとしていたところもあったのだと感じます。生まれてからずっと母親というものを知らず、父も不完全なものになってしまったこと、それについて誰にも助けを求められないことで私は「子どもでいる」ことを諦めました。すべて自己流でやってきたため、今になって本当にこのやり方で合っているのか心配になることがあります。家庭

の味というものは全くわかりませんし、食事の前後にテーブルを拭く、というルールも最近知りました。一般常識が欠けているということを自覚した瞬間、自分に対して嫌悪感を抱きます。

3）中学生の頃〜頑張っているのに崩壊していく家族

　中学生の頃、父は新しく仕事を始めましたがうつ気味になり、妹は完全に登校拒否になりました。自分自身も思春期であり、崩れていく家族に対して苛立っていました。妹の担任から状況を聞かれたりすることが嫌でたまりませんでした。自分がこれだけしっかりやっているのに、なんでちゃんとできないのか、家族に対しても普通であることを求めていました。部活動や友人との交流も増えたことで学校だけが思いきり楽しめ、自分らしくいられる場所でした。次第に家族との関わりは薄くなっていきました。

4）高校生の頃〜心を閉ざして普通を演じる

　中学生まではある程度家庭状況を知っている仲でしたが、高校へ上がるとまた一から自分のことを伝えていかなければならない環境になりました。それが余計に人に心を閉ざすきっかけになったと思います。人見知りな性格もあり、大人しい印象を持たれ「良い家庭で育ったんだね」と言われていました。その頃、父は仕事が順調な上、躁の症状も出てきており、買い物がやめられなくなっていました。そのため、家の中は物であふれ玄関は靴が崩れ落ちているような状態でした。そんな悲惨な家庭環境なのに、友人たちの一家団欒の話を聞いていると余計に家の状況は話せませんでした。本当の自分を隠していることは息苦しかったですが、そのおかげでみんなと平等に女子高生をやれていると思っていました。キラキラしている友人たちを見ていると、「自分の汚いところは見せたくない」「相手のイメージ通りにいることで自分の理想の生活を少しでも手に入れたい」という思いが強くなりました。

　その頃、登校拒否の妹を担任の教師や学校相談員が訪ねてくるようになりました。家の中を見れば、一目でおかしな状況だと思うはずなのに、何も気づいてはもらえませんでした。ただ状況を聞きに来るだけ、それならまだしも無理やり妹の部屋に入りパニックにさせたこともありました。その後なだ

めるのは私の役目になり、学校関係者には何も期待できませんでした。なんでこんなに連携の取れていない関わりをするのだろうと落胆しました。大人よりも私の方がうまくできると思っていました。身だしなみに気を遣えなくなっていた妹の髪を切ってあげたり、少しずつ一緒に外出する機会を作りました。妹の面倒を見ていれば祖母や父からは感謝されました。偽りだらけでからっぽの自分でもここにいる必要性を感じられました。

　進路選択をする際、自分のやりたいことが何も浮かびませんでした。塾の先生から「心理学なんていいんじゃない」と言われたことをきっかけに、父や妹のことを結び付けもっと知識を付けて、自分のためにしたいと思うようになりました。その頃、祖母が亡くなり、父のうつや子どもがえりも始まりました。妹と受験期が重なったこともあり、家の中は特にピリピリしていました。父や妹がけんかを始めるととても勉強できるような状況ではありません。学校が終わるとそのまま夜遅くまで学校や塾で自習をして、家族と顔を合わせないようにしていました。塾の先生だけは私自身のことをよく見てくれていました。家族のことではなく、私の心配をしてくれました。「ちゃんとご飯食べてる？」と声をかけてくれるだけでも救われました。家族にすら体調の心配なんてされなくなっていたので、唯一安心して過ごせる場所でした。その存在がなければ私はとっくにすべてを投げ出していたと思います。自分が無理して頑張らなくても認めてくれる、無条件での愛情が欲しかったです。

　受験の前日も父と妹は大喧嘩し、朝起きると妹は大量服薬しており意味の分からないことを言いながらフラフラと家の中を歩き回っていました。何が起きたのか全く分からず、とても焦りました。自分の受験もあり、どうしたらいいのかわからず、すでに仕事に出ていた父に連絡をとりました。すぐに心配して駆けつけてくれるはず、安心できる言葉を言ってくれるはず、そう思っていましたが電話に出た父は「ああ、そう。すぐには帰れない」と言いました。その言葉を聞いて絶望的になりました。本当に親としては考えられなくなりました。自分が一番大変な時なのに、なんで親が助けてくれないのか。なんで私ばかり苦労しなくてはいけないのか。自分も病気になりたいと思いました。その後も妹の願書を一緒に出しに行くように言われ、まだ受験

が残っていた私のことは何も気にしてもらえませんでした。こんな親なんだから、妹のことも私がしっかり守らないといけないと思いました。

5）大学生の時〜家族のケアを担う

　成人してできることが増えてきた分、家族のケアを担う割合も増えてきました。時間があるときは父や妹の受診に付き添い、大学の授業へ遅れても妹を高校へ送っていました。受診同行をしても父が今どんな状態なのか、どれが病気の症状なのか教えてもらえませんでした。大学で病気や対応方法について学び、支援者目線で関わるようになってきました。10年近く同じ病院に通院していますが、父は治療の効果が感じられないため、転医を勧めましたが聞く耳を持ってもらえませんでした。自分の無力さを感じ、状況改善を諦める気持ちと、なんとかまともな家にしたいという気持ちが家族の症状に合わせて行ったり来たりしていました。

　買い物依存は相変わらずで、物であふれかえった家の中。せめて人目につく場所だけでも、と掃除を頑張ってやっていましたが自分一人では切りがありませんでした。父の物を勝手に捨ててしまったときはパニック状態になり、部屋のドアをしきりに叩いて「どこやったんだよ」と叫ばれました。父は体格もよく、大声を出すため、パニックが収まるまでの時間は本当に恐怖でしかありません。部屋に鍵をかけていましたが、ハサミを持ってきて無理やり開けようとしていました。主治医に連絡し、助けを求めましたが「とりあえず落ち着くまで待って」と言われただけでした。必死で助けを求めているのにやはり大人は私を突き放しました。「親に殺されるかもしれない」と思いながら待つ時間はどれだけ長かったでしょうか。もしドアが開いたら私はあいつを殺すしかないんだと心に決めていました。

　近所付き合いも良くなかったので、飼っているペットのことや庭の植木のことでよく文句を言われていました。それも父にとってはストレスになり、よく不安な気持ちを聞かされていました。自分では精一杯家族のために時間を費やしていると思っていたのにも関わらず、不仲な隣人から「女の子なんだからちゃんと家の片付けしなさい」と言われたときは本当にショックで思いを全部ぶちまけたくなりました。しかし、父が「ごめんな」と落ち込んで

いる姿を見ると何も言えず、泣くこともできませんでした。幼いころに言われた「お父さんを助けなさい」という言葉が呪いとなって頭の中をよぎります。

学生時代はそれなりに友人付き合いも増え、出かける機会も増えてきたことで息抜きができる時間は持てました。どんなに楽しんでいたとしても、駅から家に帰るまでの間はとても苦痛でした。家が火事になっていたら、親が首をつっていたら、そんな最悪の事態を考えながら何があっても対応できるようにイメージしていました。「実家に帰りたくなる」そんな言葉をよく耳にしますが、私の中では全く考えられないことです。

学校やバイトで疲れているときに、家族の話を聞かないといけないときは大変です。感情をぶつけることで症状が悪化するということもわかっていたため、内心「うるさいな」と思いながらも「うん、うん」と促す術を身に付けました。親に何かを相談するということはまったくできず、何をするのも自分一人で考えて行うようになりました。誰かに頼りたい時もありますが、誰に助けを求めればよいのかわかりませんでしたし、自分の気持ちを分かってくれる人なんていないんだろうと思っていました。期待してもそれに応えてもらえた経験が少ないため、人に対して信用する気持ちは薄くなってきました。

6）就職して～家を出る

就職先を決める際、家を出るかどうか迷っていました。ここで離れなければ、ずっとこの生活が続くと思うと「それは絶対に嫌だ」という気持ちの方が強くなりました。引っ越し先を決め、新しい生活がスタートできることに喜びを感じていました。家の事情を知らない友人からは「まだ実家を出るのは早いんじゃないか」「お父さん寂しがるんじゃない」と言われ、父から離れて自分の人生を生きていくことがいけないことのように感じました。しかし、きれいな家でのびのびと暮らせることで私の心もだいぶ軽くなりました。実家にいたときは全く体調が悪くなったりしませんでしたが、自分の疲れや体調の変化を感じられるようになりました。自分のことに向き合える時間が少しずつ増えてきたからだと思います。ただ、引っ越して3か月が経つこ

ろ、父から「お金を貸してくれ」という連絡が入り、やっと切れたと思った
つながりがまた戻ってしまいました。これは何かおかしいと感じ、実家に帰
るとまさにゴミ屋敷となり、服薬管理も全くできなくなっていた父はろれつ
も回らずひどい状態でした。仕事もほとんど行っておらず、収入もないのに
ネットショッピングだけは立派にしていたのです。衣類が天井まで積み上げ
られた真っ暗な部屋の隅で丸まっている父を見て、どうしてこんなダメな人
間になってしまったのか悲しくなりました。私が家を出ただけでここまで変
化があるとは思いませんでした。家庭崩壊しながらも今まで生活できていた
のは私が支えていたからなのだと実感しました。自分ではもう手に負えない
と思い、初めて福祉支援につなげて第三者に助けを求めることができました。
何とか説得し入院することになり、その間に借金整理や手帳、年金の申請を
進めていきました。子どもの立場であると、借金の調整は何もできることが
なく頭を悩ませました。そのくせ、税金滞納のために役所に呼ばれたときは、
家族が来たとわかると様々な課から代わる代わるに説明をされ、父の代筆を
させられました。疲れ切っていた私はいったい何の話をされているのか、何
のための書類なのかうまく理解できませんでした。

　父の子どもがえりもひどく、何を言ってもらちがあきません。以前はそん
な親に対して怒りをぶつけることが多かったのですが、「どうしようもない
人だ」と切り替えがついてきたのか、わがままを言う子どもを見ているよう
な気持ちで呆れて笑えるようになってきました。これから先も不安は尽きま
せんが、今は何とかしようとしても無理なこともあると割り切り、できるこ
とは本人にやらせ、他の支援者に頼る、そうやってやっと手に入れた自分の
生活を守って行こうと思っています。大人には全く期待していませんでした
が、いろいろな人と出会う中で、自分の辛さや頑張りを認めてくれ「自分の
人生を生きてもいいんだよ」と言ってくれる人にも出会えました。そうした
出会いを通して、今まで何のために生きているんだろうと思っていた自分自
身のことも大切に考えられるようになってきました。子どもでいられなかっ
た私は、これから先もずっと子どもでありたいのです。

3. 城所まい　23歳

子：女性、兄1人（既婚）。大学生時代から実家を離れて現在まで一人暮らし。福祉系の大学卒業後は会社員として働く。
親：統合失調症の母。発症が見られたのは結婚・出産後の30代後半。40代後半に措置入院となり、現在は一人暮らしができるまでに回復。定期的な通院とデイケアを利用し、内服治療を続けている。

　今、私にはどうしても叶えたいことがあります。それは、普通の親子になりたいことです。母と出かけたり、旅行に行ったり、結婚式にも来てほしいと思ってしまいます。でも、私にとってこれらを叶えることは難しいことだと知っています。

　なぜなら、私の母は統合失調症を患っているからです。後遺症も残り、言葉を上手く話せなかったり、長い時間外を出歩けなかったり、1人で交通機関も利用できません。そして、いつ自分自身で命を絶つかも分かりません。そんな母と私は、今お互いにどのように関わっていけば良いか悩みながら、関係を紡いでいます。

1）小学生の頃〜母が病気になる前

　母が病気になるまでの生活は、家族団らんがあり、誕生日や祭日を祝う家族でした。いつも優しくて、応援してくれて、時には友達のように話して、一緒に遊んでくれたり、私が怖がっている時はしっかり守ってくれる、そんな母が大好きでした。父と母と兄と私の4人家族で、幸せな家庭がするようなことをする家族でした。幼稚園までの我が家は順風満帆な家族として周囲からも見られていたことだと思います。私が7歳の頃、父が腰の病気（ヘルニア重度）で入院し、母が看病するために父の荷物を整理していたら浮気の証拠を見つけてしまったそうです。その後の父の入院生活は逃げられない檻の中という状況だったそう。そして、母は毎日、一人で泣いていました。学校から帰る度に泣いてる母の姿を見ました。泣かないでって近くに行くと時々ですが、母に八つ当たりされたことを覚えてます。理不尽に殴られたり、

怒られたりするのは当時の幼い私には恐怖でしかありません。でも、我に返った後はいつもごめんねって抱きしめてくれるので、私はお母さんのことを嫌いになれませんでした。

　そして、父が退院した後の我が家は、波乱万丈の日々が始まりました。毎日が夫婦喧嘩で、ご飯もない日もありました。そんな日々が続いていたので、誕生日のことなんて忘れ去られてしまったと思います。8歳の時(当時、小学2年生)、私の誕生日がただの1日になりました。

　その後、私が小学2年生の頃に父と母は離婚しました。毎日泣くようになった母は次第に妄想が現れたり、独り言が多くなり、優しい母が少しずつ変わっていきました。離婚後、すぐに親権の問題が我が家にやって来ます。知らない大人に「お父さんと、お母さん、どっちがいい?」と質問をされます。私はお母さんが好きだったので、「お母さんっ!」と答えました。兄は父が、私は母が親権をもつ予定だったそうです。ですが、家庭裁判所で可決されたのは兄も私も父が親権をもつことでした。何より母には職もなく、頼る身内もいませんでした。女性一人で生きてくのも難しいため、経済面や社会面を考えても子どもの養育は不可能であると、言われたそうです。当時の私には親権やら離婚というものが何かよく解らずにいました。

　次の日に学校から帰ると母は荷物をまとめていました。父は何も言わず、ただその作業を見守っていて、お母さんが荷物をまとめ玄関に移動した時に「どこ行くの?」と私が聞いたらお母さんが、泣きました。涙を堪えながら「あなたはお父さんと暮らすのよ。その方が幸せだから。良い子でね」って母は私の頭を撫でながら言いました。「じゃあね」と言って出て行った時に、私は察したのです。もうお母さんに会えなくなる気がしました。なので、私は泣きじゃくって、お母さんにしがみつきました。お母さんに振りほどかれようが、ひきずられようが、泣きながらしがみついて離れない私をお母さんは諦めて、泣きながら抱きしめてくれました。「私についてきちゃダメ。私にはお金がないからあなたを育てられないの。お父さんと幸せになりなさい。お母さんのことは忘れて。良い子になるんでしょー?」って母が困りながら言ってました。それなのに、私が駄々をこねて。母を家へ連れ戻してしまいました。子どもがもう少し大きくなるまで、と期限付きで母との生活が

続きます。その間も母の妄想は悪化する一方で、アーティストを追いかけたり、あの人は私に好意があるとか、誰々ちゃんのお母さんは悪い人と言ったり、本当にあったことなのか分からない話が増えていきました。また、友達を家に呼ぶことを拒み、約束を破ると取り乱す母になっていきました。次第に家を空けるようになり、鍵を持っていない私は家に入れない放課後が続きました。

　私が小学5年生の頃、母は、「働いて自立する！」と張り切って家を出ました。まだ母との別れに寂しさを拭えない年頃でしたので、工場に勤めながら寮で暮らす母の家に何度か遊びに行きました。母は私に、「いつか一緒に暮らそうね」と言ってくれました。私はそれが嬉しかったことを覚えています。どうしても、浮気をした父が許せなくて。家庭裁判所で可決された父がもつことになった親権に正直、不服でした。昔からお父さんよりお母さんが好きだったこともあり、お母さんと暮らすことをずっと夢見ていたことを思い出します。

　結局、仕事は続かず、人間関係に悩み退職。1年もしないうちに帰ってきました。でも、内心は良かったと思っている自分がいました。まだ小学6年生の私はいつか、また家族が戻るんじゃないかって願っていたからです。家族団らんがまたしたかった。ですが、そんな期待や夢はなかなか現実にはなりません。母は何かと理由をつけて出て行って、戻ってくるのを繰り返していたので学校行事にも来てくれませんでした。3者面談も先生と2人で行い、授業参観日も運動会も卒業式、入学式にも来なくなりました。先生や友達のお母さんたちから母を悪く見られたくなくて、私は周囲から心配される度に理由を付けて親は忙しいからと取り繕い続けました。そんな日々が続いて私たちも呆れた気持ちとこんな親をもったことが恥ずかしいと思うようになっていきました。

　当時の私は日に日に壊れていく母と一緒にいることがとても辛かったです。同じように綺麗な月を見ても、母には顔がある月に見えて恐ろしいものを見ている気分になるようです。まるで隣にいるのにとても遠いところに母がいるような感覚でした。「あなたがおかしい」と一点張りの母だったため、嫌悪感を抱くようになり、母への関心が薄れていき、関わることを避けるよう

になりました。そんな状況だったので、母が病気になっていることも異変があることもなんとも思わなくなっていました。私たち自身、麻痺していたのでしょう。振り回されたくない、もう何回も裏切られる想いを繰り返すなら近づきたくない、そんな想いが母との距離をつくってしまったと思います。

2）中学生の頃〜忘れられない事件と入院

　私が中学生になり、母は相変わらず家を出て行っては戻ってくるを繰り返していました。私が中学2年生の頃、母は男をつくって出て行ったのです。しかし、数週間後には両手を怪我して帰ってきました。男に捨てられて、怪我をして帰ってきた母に兄はとても激怒していました。当時、高校3年生だった兄は思春期のため気性が荒く、喧嘩っ早いので怪我の看病と仲裁に奮闘する私がいました。あの時の私の気持ちにも怒りの感情がありましたし、守ってあげなきゃという正義感もありました。また、少し嬉しかったことを思い出します。母がいることに安心感を得たかったんだと思います。ですが、こんな生活が続き、母は頭がおかしいと分かっていても何もしなかった私たちは母の症状が進行していくことに目を背けていました。こんな母を学校や友達に気づかれないように、普通の生活を送っているように見せかけることに必死になり、自分のことしか考えられていませんでした。一人で毎日を生きるのに精一杯でした。同じ屋根の下にいるのにも関わらず、家族として機能していませんでした。

　そんな私たち家族の歪みにより、母はついに壊れたのです。私が中学3年生のある日、私の母は事件を起こしました。傷害事件です。被害者は、父及び真向かいの奥さま。あの日の母は既に母ではありませんでした。末期の症状がとても当てはまる状態でした。何日もお風呂に入っておらず、監視されていると言い、自分なりのバリケードを施した部屋に閉じこもり、食事も摂らず、声をかけても反応がなく、誰かと会話し続けている母に思春期の私と兄は正直、呆れていました。

　その結果、母は事件を起こしたのだと思います。奇声と悲鳴をあげて、包丁を持ち出し、外へ出て行った母を私は怯えながらも追いかけました。隣の家の扉の前でインターホンを笑いながら押す母は、大変恐ろしかったです。

何度私が呼びかけても反応がなく、週に1度しか自宅に帰ってこれない父が
さっき家を出たばかりだったので電話して戻ってきてもらいました。それま
での間、母に説得を試みますが私の声は母には届きません。幻覚の中にいた
のでしょう。父が帰ってきた際に母と父は取っ組み合いになり、母の持って
いた包丁の刃が父にあたり、父が怪我をしました。

　それからの記憶はありません。私は、とっさに走って逃げてきてしまった
みたいです。また、父が来るまでの間、私は泣き叫んでいたらしく、その声
を聞いた近隣の方が警察を呼んでくださり、母と父は警察へ連れていかれ
ました。私もそれから4日間、家に帰らず友達の家に身を置いていたため、
当時の悲惨な状況を詳しくは知りません。父は事情聴取を済ませ、母は措置
入院[9] の処遇を受けて、精神科病棟へ幽閉されました。

　5日ぶりに帰った際に近隣の方からの冷やかな視線が現実だと伝えてきま
す。家に着いたら、父と兄がいて、「これからは3人で暮らそう」とその一
言だけ。2人とも目も合わせません。母のことは一切、口に出してはいけな
い、そんな空気感に包まれていました。母の部屋に行ったら、母だけがいな
くて、バリケードや母の持ち物は全部あって、ただ母がそこに居ない空間に
なってしまっていました。

　あの事件があってから、初めて私は泣きました。母ともう二度と会えなく
なるということ、何もできなかった自分への後悔と、罪悪感で潰れてしまい
そうでした。それからというもの、まるで母の話は禁句かのように一切、誰
も口にすることもなく3人での生活が静かに流れていきました。

　しばらく経ち、私が高校1年生になった頃に母から大量の着信履歴と留
守番電話が携帯に届きました。「ここから、出して」や「助けて」と泣きじ
ゃくった、声にならないような言葉だけが残っていました。このことは誰に
も言えませんでした。最後の電話がかかってきた日。母は「もういいよ。あ
なたはもう私の子じゃない。私ももうあなたのお母さんじゃないから。サ
ヨナラ。」と言われて電話が切れました。母に絶縁をされてしまったのです。

9）　措置入院とは、精神保健及び精神障害者福祉に関する法律に規定される精神科入院形態のひとつ
　　であり、自傷他害の恐れがあるときに都道府県知事の命令で行われる強制入院。

この時、母はまだ入院していましたが、病院の相談員や医師、関係者に子どもがいたことを話していませんでした。入院したことをきっかけにきっと母の中で何かが完結したのでしょう。子どもという私たちの存在は、母にとっての人生を考えた時にどこか邪魔だったことだと思います。責任感のある人だったので、母親という役割や責任に悩んでいたのではないか、苦しんでしまっていたのではないかと考えます。

3) 大学生の頃～母との関係を取り戻す

　私は大学生となり、福祉の勉強をすることにしました。母とは電話で縁を切られて以降、生き別れの状態となりました。そんな中、父が再婚した大学1年生（当時19歳）の頃に母から急な連絡が届きました。父は再婚相手と喧嘩をして、ひどく落ち込んでいました。そして、母のことを「住所や連絡先など、一人暮らししているまいちゃんの家にしてくれないか」と父から話があがりました。この話を聞いて、私は複雑な気持ちになったことを覚えています。会いたいけれど、あの事件前後の母を思い出し、母のことがすごく怖いと感じていました。しかし、父は「なんでこんなに苦しまなきゃいけないんだ」と、母との結婚は後悔でしかないと嘆き、「死にたい」と私に愚痴をこぼしました。そんな弱気な父を初めて見て、父の幸せを守るために私が犠牲になれば済むのだと悟り、私は母の事を全て引き受ける事にしました。母と私は、中3から大学1年まで約4年間の空白の時間があります。その間に母は障がい者になったこと、私は福祉の大学に進んで精神保健福祉士の勉強をしていたこと、様々な変化がありました。精神保健福祉士を目指すことで母の対応は学校で習った専門職としての知識で対応することしかできませんでした。そのため、母との関係がこじれてしまった時期もありました。また、母と上手くいかなかった時に当時の彼氏や大学の友達と関係をこじらせてしまったことがあります。

　その時に改めて、私は自分の人生を考えることの大事さを知りました。考えの固執や過度な責任感など、自分を縛り付ける生活をしていたことに気づくことが出来ました。自分にとって本当に大切な人は誰か、何かに気づくきっかけになり、「自分には失ったものがある」、「みんなより欠けている」、そ

の思いが私から自信を奪います。ぞんざいな扱いには慣れてるからと自分を大切にしない私は、友人から悲しまれたり、怒られたりしました。自己犠牲だけの日々は、私にとって大切に思う人たちのことを幸せにしないことを知りました。自分のことばかりで精一杯だった大学生の頃、側に居てくれた友人と彼に感謝しています。

4) 今の私〜何のために生まれてきたのか

　私が小学生の頃、家から出る母を連れ戻しました。今、思うとあの日の別れが最後の別れだったらどんなに良かったのかと悔やまずにはいられません。幼い私が母の人生を変えてしまったのかもしれません。そんな気がして仕方ないのです。母を引き止めといて、無責任な私があの傷害事件を起こしたのではないかと後悔の念を抱いています。

　だから、私は傷害事件が起きた日から生きた心地がしません。いつも何か後ろ髪を引かれる思いで過ごしていました。失ったものは大きくて、当たり前のことが当たり前じゃなくなることを知りました。私はそれから自分の気持ちや感情が上手くつかめません。彼氏ができても幸せが何かわからないのです。また、誰にもこの事実を言えなくて、彼氏と付き合いが深くなってから打ち明けると、いつも関係がこじれます。普段の明るく振る舞う私からは想像ができないと言われます。

　私には母が２人います。父が再婚した奥さんと、実の母。新しい奥さんとは仲良くありません。私が実家に帰る日に奥さんは実家に帰るかホテルに泊まります。誕生日や母の日にプレゼントを送っても、私の誕生日は祝ってくれません。何のために頑張ってきたのか、思い起こしたら負けかなと思います。この人のおかげで父が幸せなら、それも仕方ないと思いました。誰かのために生きてる自分から、自分のために生きる自分になりたいです。何のために生まれてきたのか、それを知るためにこれからは生きていこうと思っています。

　父は母との「結婚を後悔してる」と私に話します。また、母も「結婚したことや結婚生活について思い出したくない」と震え出します。なんで２人は結婚したんだろうって思います。もし結婚してなかったら、違う人生を歩

んでいたんじゃないかなと思ったりします。こんな悲しいこと、起きずに済んだのかもしれないと思いました。でも、2人が結婚してくれなかったら、もちろん私は生まれていない訳で、今の私は存在しなくなってしまいます。

　果たして、どっちが良かったんだろうかと考えます。そんなことを考えると私は、自分の存在がわからなくなりました。高校3年生（当時18歳）の誕生日に自分が産まれてきてよかったのか父に聞いたことがありましたが、「当たり前じゃん」の一言だけで、私の期待する言葉は返ってきませんでした。実母と再会した20歳の誕生日に自分の誕生日を父に祝われない悲しみと不安から、上手くしゃべれない母に頼ってしまいました。

　私は私を肯定する理由や保証がほしいです。なんのために生まれてきたのか、知りたかったのですが、この問いに答えがないことにやりきれない思いでした。親の愛を求めてももらえません。「期待」は私の心を傷つけます。どうしたら愛されるのか、誰か教えてほしいです。なんの権限もなく、無力な私は何のために生きてるんだろうと思ってしまうのです。本当はもっと素直になりたいのに、ありのままに生きることが難しく、許されることなのだろうかと思ってしまいます。「生きづらさ」とは、まさにこのことだと思います。

　外側の自分は笑っていて、内側の私は泣いています。誰にも頼れず悲しむ内側の私（本当の私）は、いつも助けを求めていました。それなのに甘え方や頼り方、弱さの見せ方を知らない外側の私が内側の自分を閉じ込めてしまいます。私も同世代のみんなと同じように、心の底から楽しみ、幸せを感じたいです。

　学校のことで悩んだときは甘えたり、頼りたいことがたくさんありました。そんな中、男をつくって出ていってしまったり、妄想に駆られてどこかに行ってしまったり、そばにいて欲しい時に母はいません。自分でなんとかしなきゃ！と奮いたった子どもの頃を思い出します。

　周りに変な子と思われたくなくて、みんなと同じようになりたくて、自分が頑張ればいいんだとずっと思っていました。自分が頑張れば、犠牲になれば、と思いながら学生時代を過ごしてきました。母のことを誰にも気づかれないように、普通の家庭の子を装って、たくさん頑張って必死に生きてきた

けど、報われないことを感じます。どうして今も苦しいんでしょうか。

5) これからの私～幸せ

　私は実母が恋しくなります。今、母は統合失調症で後遺症も残り、障害年金で一人暮らしをしております。そんな母と私は、今お互いにどのように関わっていけばよいのか悩みながら、関係を紡いでいます。

　母のこと、家族のこと、それを気負いする自分のせいで毎回、彼氏とは上手くいきませんでした。しかし、友だちには恵まれ、とても心の成長を促してくれる素敵な人柄の友人に出逢いました。そんな友人に囲まれて、私はそれなりに楽しく、健全に育ってこれたと思っています。仲の良い友人や最近の母（実母）から「貴方が幸せになってほしい」、「早く幸せになってね」、と言われたり、願われて、私はやっと自分の幸せを考え始めました。どうしても未来よりも過去に生きがちな私ですが、少しずつ今を生きて行くためにどうすべきかを考えています。今では明るい未来を描く練習をしたり、自分に足りない感情や経験をこれからの人生を通して補っていきたいと思います。今もそばにいてくれる、関係を紡いでくれる私の大切な人たちに、少しずつ素直に自分の気持ちをのせた感謝の想いを伝えていきたいです。

　最後に今、私はきっと幸せです。まだ、幸せの感覚に対して確かなものがないのでこの感覚や感情に根拠はありませんが、今の私は仕事も趣味もとても充実していて、素敵な友だちに囲まれています。家族以外のことは全てが足りていて、満たされています。幸せの定義はまだ分からないけど、少しずつ幸せとは何か、感じていけたら良いなと思います。祖父母や兄、幼なじみ、仲の良い友達、同じ子どもの立場の仲間に支えていただきながら、自分らしくこれからの人生も歩んでいきたいと思います。

4. 伊藤奏汰　29歳

> **子**：男性、独身。両親、姉、兄と暮らしていたが、学生の時に親元を離れた後、一人暮らし。現在、対人援助職として働いている。
>
> **親**：母が境界型パーソナリティ障害、うつ病。若くして結婚し、20代で発症。通院は発症時より続けており、内服治療を行なっている。現在、父（夫）と二人暮らし。

　我が家は父と母、姉、兄、私の5人家族。父は建設関係の仕事を営んでおり、朝は早い。そんな父を母は専業主婦として支えてきました。姉は気が強く頑固な性格。一度、こうと思ったことはなかなか変えようとはしません。その反面、人情深く姉としての責任感にあふれています。そして、兄もまた、わがままな性格でした。スポーツ万能で気が強いのですが、いざという場面では気弱になります。兄とは小さい頃からよく遊んでいました。そんな見た目にはごくごく普通に見える家族でした。週末には、郊外へドライブに出掛けることも多く、仲の良い家族でした。仲の良さに隠れてきた苦悩と言えば、母自身の生育環境が複雑であり、苦労して育ってきた結果、人格に未熟さを抱えながら生きてきたことです。その母の苦労を、私たち家族はなんとか引き受け、抱え込んできました。母自身、苦労して育った故なのか、母にはパーソナリティ障害[10] という診断名がついています。母も長らく、母自身の、病と闘ってきました。同時に、私たち家族もまた、母の病と闘ってきました。

1) 幼児の頃〜自慢の母と仲の良い家族

　幼稚園の頃、私にとって母は誰よりも綺麗で素敵な母親でした。遠足や行事では、母が来てくれることをとてもワクワクして、少しでも頑張っていいところを見てもらおうと張り切っていたことを覚えています。母は行事にも

---

10) 「パーソナリティ障害とは、その人が属する文化から期待されるものから著しく偏り、広範でかつ柔軟性がなく、青年期または成人期早期に始まり、長期にわたり変わることなく、苦痛または障害を引き起こす内的体験および行動の持続的様式である」（日本精神神経学会監修：DSM-5 精神疾患の診断・統計マニュアル. 2014, 医学書院）

よく参加してくれ、幼稚園のお泊り会では銭湯で幼児の身体洗い係を担当していました。役員活動もよくしてくれました。また、引っ込み思案な私に、友達の輪に入るよう促してくれていました。母のそんな後押しもあって、幼稚園が終わった夕方になると私は友達と近くの公園で遊んだり、友達の家に遊びに行ったりしていました。その頃の私は友達の後をついて動くタイプであり、慎重な子どもだったように思います。

　家族の仲もよく、週末には買い物やドライブ等、ごくごく普通の週末を過ごしていました。この頃覚えているのは、兄がやんちゃで、勢い余って私の頭をドラム缶で殴り、クジラの噴水のように出血したこと。その結果、私は脳外科に搬送されました。

　幼稚園の頃は不思議に思いませんでしたが、母は子どもたちに「財布の中に薬が入っているから、お母さんが具合悪くなったらこれ飲ませてね」と言っていたことを覚えています。母はこの時期、パニック障害[11]の発作に苦しんでおり、出かける前には、私に薬の場所を説明していました。その頃の私には、なんの薬なのか、どうして薬が必要なのかよく分かりませんでしたが、とりあえず「わかったー」と答えていたことを覚えています。実際に出掛けて発作を起こすことがなかった分、なぜ薬が必要と言われているのかは分からないままでした。

2) 小学生の頃〜パニックの始まり

　小学校の入学式、父は休みを取り、父母揃って私の入学式に参加してくれていました。その後の参観日等は母が来てくれており、母は姉、兄と私の教室を忙しく回っていました。参観日ではパニック発作が起きる不安で「教室の奥には入れない」と言っていたことを覚えています。

　私が小学2年生の頃のある休日、外出先から帰ってくると、些細なことで父と母は喧嘩になりました。いわゆる夫婦喧嘩であるものの、母は父との言い合いで泣いており、私は母が悲しんでいることが可哀そうで、私も泣い

11）パニック障害とは、「突然理由もなく、動悸やめまい、発汗、窒息感、吐き気、手足の震えといった発作を起こし、そのために生活に支障が出ている状態」です。（厚生労働省：知ることからはじめよう　みんなのメンタルヘルス　パニック障害）

ていました。この頃から、父と母の言い合いは頻回で長時間になっていきました。小学校中学年になると、父と母の喧嘩は週1〜2回はありました。時には父が出勤する前の朝早く6：00から言い合いの声で目を覚ますことも多かったです。喧嘩となる原因はわかりませんでしたが、父と母の言い合いになると、母はパニックとなり、大声で叫び父に殴りかかろうとします。また、パニックになった状態が夜中まで続くと、母は街中にある「夜間病院へ行く」と言って家を飛び出して行こうとするため、姉と兄、私で母の身体を抑えてとにかく必死に母を止めていました。父はというと、夫婦喧嘩であるから手を貸そうとはしません。時には私たちの制止を振り切って、母は家から飛び出して出て行きました。今でもその走りゆく母の後ろ姿をはっきりと覚えています。母が出て行った後、時には父を説得し母を探しに行きました。母を見つけるものの、母は高揚した表情であり、なかなか家に戻ろうとしませんでした。一旦、家に戻ったとしても父と母が言い合いとなり、再び家を飛び出すこともありました。夜中に飛び出すと、翌日、街中の病院や交番から、母を迎えにくるように電話がくることもありました。父が迎えに行きましたが、家に帰った母は夜間の子ども達の不安をよそに、ニコニコとしていました。

　父と母は喧嘩になると頻回に離婚話を持ち出していましたが、母は見捨てられ不安が強く、「離婚するのか？」と何度も何度も繰り返し父に聞いていました。幼い私たちにとって、父と母が離婚するということは、とても不安で怖いことでした。時に父が離婚届を持ってくるのですが、姉や私が離婚届を破き捨てることもありました。そんな中でも私は小学校で不適応も起こさず、登校渋りもなく登校していました。母はパニックになると子ども達に不安を作り出しますが、子ども達への愛情はあり、ダメなことはダメだとはっきりと子ども達が分かるように教えてくれる、そんな母でした。

　小学校高学年のクリスマスが近くなったある日、我が家でもクリスマスツリーを飾っていました。そのツリーは私が小学1年生くらいの頃に買ったもので、毎年クリスマスが近づくと家族みんなで飾り付けをします。イルミネーションのライトも飾っていて、子ども心にワクワクするような、イベント。その楽しいクリスマスが近づいたある冬の日、私が小学校から帰宅する

と、ツリーは真っ二つに折れ、オーナメントは床いっぱいに散乱していました。そればかりか家の中はテーブルやソファーがひっくり返り、電話機は粉々、あらゆる物が散乱していました。それは、母がパニックを起こしたことに父が怒り狂い、父が暴れた後の姿でした。母はショックで発声ができなくなり、父は寝室にこもっていました。母が筆談で書いた内容では、父が暴れたことのショックで嘔吐した母に対して父は「汚い」と言い放ち、母に嘔吐物の清掃をさせたこと、母が父に対して部屋から出てくるように何度も懇願したが、父は出てこないことを知らされました。その後、母は姉に付き添われてタクシーで病院へ向かいます。その途上で発声ができるようになり、母は姉と帰宅しました。私は何が起こっているか分からず、怖かった、そんな記憶が残っています。私と兄はただ、家いっぱいに散乱した物を片付けていました。

3）中学生の頃〜母のパニックに何もできない私

中学生になった頃、毎朝のように父と母は喧嘩をしており、怒鳴り声や物音で目を覚ますことがよくありました。当時から、私は歯ぎしりをしていたようです。相変わらず、喧嘩になって母がパニックになることが続いていましたが、中学生の私は夫婦喧嘩に巻き込まれることに嫌気がさしていました。姉や兄も同じような思いを持っていたようであり、喧嘩になると子ども達から「もうやめて！」と訴えていました。しかし、子どもの声は届かず母のパニック状態は終わることがありませんでした。

姉が高校生くらいの頃から、母は姉1人への攻撃を始めるようになります。姉だけに朝の「おはよう」という挨拶をしなかったり、姉からの質問を無視したり。その一方で、姉に対しては、頼りたい気持ちも多くあり、仲の良い「母娘」である時と、徹底的に娘を無視する母である時の姿は大きく乖離していました。中学生の私には、その母の姿を変えることができませんでした。母はパニックになると、姉を引きずり回し、姉が自分の部屋に鍵をかけて逃げると、部屋のドアノブを執拗にガタガタと動かし鍵を破壊しました。その後、姉を部屋から引きずり出してきます。見たくない光景でした。母が姉の頭を叩いた後すぐに、母は「どうしよう、病院に連れて行かなきゃ」と焦り

だします。私にはなにもできませんでした。

　高校受験の前の日、母はパニックになり暴れていました。いつも通り子どもの私が母を押さえつけ、止めていました。受験の不安に加えて、母が私の不安を汲み取ってくれない不安、すべてがごちゃごちゃでした。翌朝、母は私に敬語で話し、私の言葉には他人行儀に「はい、はい」と短く答えました。受験の不安か母への恐怖かわかりませんが、私は震えが止まらず、結局受験は失敗に終わりました。

4）高校生の頃〜身体の変調と孤立

　高校生になっても、変わらず母の不安定さは続いていました。高校生になった私は、母がどのような流れで調子を崩してパニックになり感情が爆発していくのか、感覚的にわかるようになっていました。まず、表情、話し方、こちらから話しかけることの反応。どのように崩れていくか、わかる分、崩れて行くのを止めようとしました。いつもより多めに母に話しかけたり、気遣ったりしましたが私には母の乱れを止めることができませんでした。母が感情的になり爆発していくと、私や父は母を強く責めました。「もういい加減にしてくれ」と。それでも母は変わることなく、私の思いが届くことはありませんでした。

　母を感情的に支えようとしていることが続き、「親と子どもが逆転したな」と感じるようになりました。ご飯を作る、洗濯や掃除をすることは母が行っていましたが、「母を支えているのは私ではないのか」「子どもが親を支えるってなんかおかしい」と、そんな思いをもつようになっていました。高校では、部活に打ち込み勉強もそれなりにしました。しかし、毎朝のように母がパニックになっている時期は、私は登校してから、しばらくぼんやりと座っていることもありました。とにかく家に帰りたくなくて、駅の待ち合い室に何時間も座っていたこともありました。つらかったんだと思います。

　受験が近づいていた頃、母にはとても苦労しました。一度、受験したい大学を決めて、父と母に相談して了承をもらっても次の日には覆される。また、違うタイミングで同じ大学を希望して了承されても覆される。そんな中で、私は志望大学も決まらず、受験勉強にも身が入らず、周りが頑張ってい

る空気にただただ居心地の悪さを感じていました。高校3年の夏、私は夜中に心臓がドキドキして息苦しくなり、夜中に目を覚ますことがよくありました。また、頭がしびれて目を覚ますこともよくありました。消えてしまいたい、自分を潰そう、そう思っても簡単には潰れてくれず、布団にくるまり小さくなって一人で泣いていたことを覚えています。

　高校生の頃は、人付き合いも苦手でした。仲の良い友人が少しはいましたが、人と関わることもあまりしたくなくて、表面的な人間になっていました。不思議と、いじめは受けませんでした。部活も頑張っていたし、勉強も頑張っていたせいなのかわかりません。ただ、その頃の実感としては、いじめを受けても仕方ないよな、と思っていました。

　母の病気のことを初めて他人に話したのも高校生の時でした。父と母がよく喧嘩になっていること、母が病気であること、泣きながら話した時に返ってきた言葉は「もっと頼っていいんだよ」という温かい言葉でした。私は、一人じゃないんだなぁと思い、初めて話して受け止めてくれたことにすごく安心しました。

　高校生の頃に、私は自分と同じ体験を共有できる場を求めてインターネットで精神障がい者家族会を探し出しました。しかし、そこにあったのは「統合失調症の家族」という家族会であったため、私は対象にならないんだろうな、と考えるようになりました。私は苦しい時間を過ごしましたが、自分が助けを求めていいんだとは思えませんでした。私以外にもつらい人はたくさんいる。そう思うと助けを求めることはできなくて、母も、母自身の病気のことを誰かに話すことをすごく嫌がっていました。私は何も話せず、助けを求められず、孤独でした。

5) 大学生の頃〜対人関係の課題への自覚

　大学は本意ではありませんでしたが、結局、教育学部で小学校の先生になるための大学に入りました。大学に入った頃、私はとにかくエネルギーがありませんでした。声も出ず、人とも関われず、苦しい時期が続いていました。母の状態を管理することも大きな問題でしたが、私自身の問題も出てきた、と自覚しています。何かを話そうにも「聞こえない」と言われ、同期にはよ

く馬鹿にされました。そのうち、聞こえないと言われ続けたことが不安になり、人前で話す時には口周りの筋肉が硬直し、口が震えるようになっていました。唯一、その頃の救いだったのは当時の交際相手が、私が頑張っていることを認めてくれ、「楽しい時間を過ごしたい」という思いで接してくれていたことでした。具体的な何かを言うわけではありませんでしたが、「頑張っているね」と励ましてくれました。私は自分で自分の頭を叩くこともありましたが、「私の大事なものを叩かないで」と言ってくれた言葉、包まれた優しさが今でも残っています。初めて人に大事にされたと感じた、そんな言葉でした。

　大学で、初めて精神疾患について勉強する機会がありました。統合失調症、うつ病、パニック障害…その中で母の感情が爆発するのと類似する症状の解説がありました。感情が爆発した時の対応方法や逆にしてはいけないこと。私は母を責めていました。それが母を傷つけ、母の症状を悪化させ爆発させていたことに気づかされたのです。私の関わり方が、母を傷つけてきたことを知り、泣きました。母への申し訳なさ、やり場のない気持ちでした。それから、私は母への関わりをさらに変容させていきます。母へは、簡潔で具体的な言葉を使うようにしました。そして、母の感情が爆発しそうな時には不安にアプローチして、「今は〜が不安なんだよね？」と確認する作業を繰り返しました。その結果、母の爆発を事前に回避することができることも増えていきました。それと同時に、母は私に依存するようになりました。私に気持ちを理解して欲しい、感情の昂揚をおさめて欲しいとも受け止められるような言動を繰り返すようになりました。母のコントロールがうまく行くときも、うまく行かない時もあります。母をコントロールできない時、私は自分の気持ちが母に届かないような気がして悲しくなりました。

　大学２年の頃、母は感情を爆発させていました。そして、私たちの制止を振り切って家から出て行きました。いつも母が出て行くたびに恐怖と不安を感じていました。母は、マンションの３階から飛び降りました。私たちを見捨てて自死しようとしました。幸い、母は足首を複雑骨折しただけで死にませんでした。脚を引きずりながら、自分で交番に行ったらしいです。父が病院へ迎えに行きました。必ず、入院になるんだろうなと思っていました

が、父は興奮した母を連れて帰ってきました。赤く高揚した顔。興奮して叫んでいる姿。今でも目の前にあるように浮かびます。

　小学校の先生になるためには、教育実習があります。大学2年の夏、私は自閉症スペクトラム障害[12]の子ども5人を前に算数の授業をしていました。子ども達の中に「何かを伝えてくれる大人」という意識がないと、子ども達の集中を私に引きつけることができません。私は、子ども達に私自身を表現することができませんでした。子ども達は教室から出て行こうとしており、授業崩壊のような状態になりました。子ども達が自閉症スペクトラム障害だから、ということではなく私の問題でした。教育実習は大きな失敗体験となりましたが、これを機会に私は変わらなくちゃいけない、と思うようになりました。しかし、「変わろう」と思う度に母の荒れ狂った姿、壊れた姿が浮かんできました。不安でした。怖かった。その気持ちを抑えるために、自分で精神疾患の本を読んで勉強し、制御しようとしました。しかし、本を読もうと手に取り「精神障害」「統合失調症」という言葉を目にした瞬間、私は身体の内臓的な気持ち悪さを感じていました。気分が悪くなり、本を読むことができませんでした。それだけ、私にとって傷つきの体験が大きかったのでしょう。寝る前に、ふと自分の身体のイメージが浮かびます。私の身体は人形のように横たわり無数の小さな切り傷で覆われていました。

6）大学編入そして家を出る

　その後、小学校の同級生がとある大学に編入したことを知りました。そのことが私には大きな気づきとなり、「精神障害」ということを専門的に勉強したい、と考えるようになりました。本では大きすぎるダメージだが、人から学ぶことならできるかもしれないと思っていました。私は編入したい大学の先生に事前に会う約束を取り付け、勉強したいという気持ちをぶつけたところ、その気持ちは受け止められました。編入試験に向けて勉強をすると共に、志望理由書も書き出しました。編入試験を受けるまでの期間、何もない

12）「自閉スペクトラム症／自閉症スペクトラム障害の基本的特徴は、持続する相互的な社会的コミュニケーションや対人的相互反応の障害、および限定された反復的な行動、興味、または活動の様式である」（日本精神神経学会監修：DSM-5 精神疾患の診断・統計マニュアル，2014，医学書院）

わけではありません。母は姉に対する個人攻撃を止められず、姉を傷つける一方で一緒に外出する時には表情よく出かけていました。しかし、姉は家で母と居る時に攻撃を受けやすいのです。ある日の朝、姉から私の携帯に「助けて」というメールが入っていました。私はメールに気づかず、夜に帰宅したところ、母から受けた攻撃を姉から知らされると共に、一言「最悪」と言われました。私は姉を救うことができませんでした。姉が苦しんでいることを知っているのに何もできなかったのです。

　大学の編入試験には無事に合格することができました。自分と向き合うため、カウンセリングも受け始めました。しかし、なかなか自分の体験と向き合うことができず、もやもやとした感じのみが残っていました。大学3年の夏、私は家を出る決心をします。父と母にそのことを伝えるためには準備が必要で、何度も繰り返し伝えました。引越し準備が進んでいることを母に伝えるために、物件情報の紙をさりげなく部屋に置いておいたりしました。私の引越しを母の「見捨てられ体験」にしたくないと思っていました。そのため、引越しの理由は「大学の近くで学業に専念するため」と言い、何度も何度も母からは「私を見捨てていくんでしょ」と言われましたが、その都度修正しました。大学3年の秋、私は家を出ました。家を出る朝、母は私に感謝を伝えてくれました。「今まで支えてくれてありがとう」と。そして、「何かあった時に使いなさい」と言い、私に1万円札を封筒に入れて渡してくれました。母なりに、母の精一杯の気持ちだったのでしょう。その1万円は母からの、唯一の思いとして今でも大切にとってあります。この頃、私は「母が死んでも泣けないな」と考えることが多くありました。本当に母が死んでいたらどうなっていたのかは分かりません。でも、本当は泣きたかったんだと思います。この頃は「母」という姿を受け止められないでいたのでしょう。

7）同じ子どもの立場の人との出会い〜子ども同士の伝わる言葉

　一人暮らしを始めてから、休みの日を有効に使おうと考えるようになり、地域の精神障害者家族会に参加するようになりました。きょうだい会や親の立場の家族会に参加を重ねました。子どもの立場だが家族という点では体験

に共感を得られることを期待しましたが、どうにも居心地が悪いのです。いくつかの家族会に参加しましたが、次第に足が遠のいていきました。ある家族会では、子どもながらの苦労を話したところ親の立場の方々10数人から「そのどこがつらいの？」「そんなこと言うもんじゃない」「自分のことは自分で解決しないといけない」等と一斉に責められました。子どもが発症した親の立場と、親が発症して苦労した子どもの経験を共生させることは難しいな、と実感させられる体験でした。その頃、三重で子どもの立場の集まりを開催していることを知りました。また、全国大会として講演会を実施することも知り、兄と参加しに行きました。講演会後、子どもの立場の方々と話す機会があり、親が精神疾患を持っている子どもの体験として伝わる言葉がたくさんありました。微妙なニュアンス、一つ一つの言葉が伝わります。これまでの家族会にはない、居心地のよさでした。それから毎年のように三重の全国大会に参加していきます。ある人に「何かを求めて漂っているよね」と言われたことがあります。私は確かに、自分の居場所を、これまでの自分の半生を何かにつなげるために、漠然と何かを探していました。その思いは、ずっと変わらないでしょう。自分の過去に向き合いたくて、でも向き合えない自分と葛藤しています。いつか地元でも集まりができたらいいな、と考えるようになっていました。

8) 社会人になって〜乗り越えなければならない自分の課題

　大学卒業後の就職に向けて、民間企業の激しい就職活動に耐える自信もなく、試験で就職できる福祉の仕事に就きました。いわゆる、対人援助職です。大学生の頃までは自分の問題を自覚しつつ人との関わりを避けてきた部分もあり、大きな問題を感じたことがなかったように思います。しかし、人の生活や思いを支える仕事に就いて、深く人に関わる姿勢が求められた時、私は自分の問題をさらに自覚していきます。私はこれまでの人生の中で、母が「壊れていく姿」の目撃者となってきました。私の一言で母は壊れ、私は不安と恐怖を感じてきました。仕事で人と関わる時にどうしても過去の恐怖が目の前に現れます。それは私にとって乗り越えなければならないことでした。私の過去を同僚には話していません。周りの人は私の異変に気付いていたか

もしれませんが、私の過去を知られることで、差別されることが怖かったのです。就職してから数年の間、私は目の前の他者ではなく、他者と関わりながら自分と闘ってきたように思います。今となっては、本当に申し訳ないです。そのせいもあり、私はしばらくの間「対人援助職」と言われることにピンと来ていませんでした。

　社会人になってから関わる人間が多くなった頃、私は自らの過去の扱い方に困ることも増えました。親しくなりたい人に、自らの過去を話すべきなのか迷いました。私は「話さなければ親しくなれない」という思いに惹かれ、親密になる前に過去を話すこともありました。しかしながら、過去を話すことで親しくなれた、と感じた人とはぎこちなさを覚え、長く関係が続いていないようにも思います。一方で、私自身の過去とは関係なく、今の私の姿に向き合ってくれる人とはよい関係が長く続いています。私自身の過去の扱い方はこれからも悩んでいくでしょう。私が話すことで、逆に私に過去を打ち明けてくれた人もいました。そして、私にぐったり依存的に関わる人も出てきました。過去を用いて適切な距離を保つのは難しいです。

9）今の私〜私の人生を生きているという実感

　社会人になり、数年経つと私も仕事に慣れてきました。人から頼られることも多くなり、他者と関わる時に私自身と闘う必要はなくなってきていました。それは、周りのサポートを受けながら、目の前にいる他者と向き合おうとしてきた結果なのかもしれません。また、私自身の体験を他者の苦労やぐちゃぐちゃ感と重ね合わせることはしなくなりました。段々と、私は「過去の私」と距離を置けるようになってきているのだと思います。

　学生の頃からの一人暮らしの期間も長く続いてきたことで、心理的に親から離れていったことを自覚できるようになりました。それと同時に、私は私の人生を生きている、という実感を持つようになりました。休日、まだ空気がひんやりとしている朝に私は散歩に出かけます。近くの小高い丘の上にある神社に行き、大きな栗の木の幹をさすりながら、自分のペースで歩くことに私は「あ〜生きているなぁ」と実感します。ようやく、私は「母と共にある私」ではなく、「私」として生きられるようになってきたのだと思います。

過去の自分と距離を置けるようになってきたことで、母への思いも変容していきます。母がガンになった時、実家で飼っていた犬が亡くなった時、私は自然と母を心配するようになっていました。また、「母が死んでも泣けないな」と思っていた過去に比べ、母がガンと知った時に、母を失うことへの不安で、自然に泣いていました。私は、自然な感情を、自然に感じられるようになってきました。そして、目の前の他者と関わる時に、ようやく「過去の私」を持ち出さなくてよくなりました。親から離れて一人暮らしを続け、親と心理的にも物理的にも離れ、私のペースで生きて行くことを実感しつつあります。しかし、過去は消えません。ふとした瞬間に壊れた母が目の前に浮かびます。しかし、その不安を少しずつ抑えられるようになっていることもまた事実です。

　母が、もしも病気ではなく普通の母だったとしたら私の人生は変わっていたのでしょうか？　私は今、そんな自問をしています。「母」という存在を無視することはできません。私にとって、重要な他者であり、目の前の他者と関わる時に無意識に存在する他者。母という姿の現実から眼をそらすことはできないのです。私にとってその母の姿は重荷でありながら、背から下ろすことができないものです。

　私にとって母の意味とはなにか？　そんな問いの答えを探しながら、私は「私」として生きて行きます。

5. たまき まゆみ　38歳

> 子：女性、弟1人。21歳で結婚し実家を離れる。15年後に別居を経て
> 離婚。現在は福祉施設で就労し、実家から数駅離れた町で高校生1人を
> 育児中。
> 親：統合失調症の母。20歳で結婚、専業主婦。結婚から7年ほどして
> 発症。継続治療中で、入院歴はなし。

　私の母は、統合失調症です。父、母、私、弟の4人家族で、都内のアパートに暮らしていました。発症は、私が小学校入学後の7歳ごろです。発症してから様々なことが家庭内で起こり始めました。

1）小学生の頃〜発症してからの様々な出来事

　小学校に入学して間もない頃、私は、母に連れられ、どこかの住宅地や町がよく見える高台で「待ってなさい」としばらくの間、一人で待たされることが度々ありました。また、ある日を境に、母が家に帰ってこない日々が続きました。母は、浮気をしていました。母のいない3人の生活が続きました。私は、幼少期の頃から母のことがあまり好きではなかったので、3人だけの生活は楽しかったです。父は、仕事で忙しい人でしたが、家にいる間は、よく遊んでくれました。私たちは若い頃の子どもだったので、近所のおばさんに「優しいお兄ちゃんがいていいね」と声をかけられることもあり、自慢の父でした。父一人で子ども2人を育てるのは大変だったのでしょう。父の田舎に引っ越すことが決まりました。学校では、お別れ会をしてもらいました。クラスメイトからは、鉛筆などをもらいました。引越しの準備が進む中、一本の電話が鳴りました。母からの電話でした。父がしばらく話した後、受話器が子どもたちに渡されました。私は電話で話すことを拒否しましたが、父に「出なさい」と強く言われ、しぶしぶ受話器を受け取りました。電話の向こうの母は、泣いていました。しかし、私には何も響かず、ただただ電話を切りたかったのを覚えています。父は、何も言わない私に「戻ってきてと言いなさい」と言いました。首を振ってイヤだと訴えましたが、半ば強引に

「戻ってきて」と言わされました。次の日、母は私達が暮らすアパートに戻ってきました。地獄の始まりです。

　転校する必要がなくなり、いつも通り学校に行くと私の机はありませんでした。当然ながら転校する予定でしたので、クラスメイトも驚きです。転校する必要がなくなったことを学校に連絡していなかったのです。小学校低学年でしたので、クラスメイトは「そっか、行かなくなったんだ」とすぐにいつも通りの生活に戻りました。しばらくして、母は妊娠していました。母のことは好きではありませんでしたが、きょうだいができたことはとても嬉しかったです。学校の先生に「〇月になったら、赤ちゃん生まれるよ」と報告をし、楽しみにしていましたが、数か月後、家庭内で異変が起きました。母が突然「トイレに入るな」と命令口調で強く言うのです。母は、トイレで流産していたようです。なんとなく雰囲気で察した私は、トイレに赤ちゃんがいると思うと怖くて近づけなかったのを覚えています。その後、流産をきっかけに母は日に日に暴力的になっていきました。引きずられ、鼈甲のくしで何度も叩かれました。妄想からの意味のわからない言動も増え、家族を困らせていきました。

2）小学校の頃〜母の激しい病状

　私と弟は、5歳離れています。当時2、3歳だった弟が一番影響を受けていたことでしょう。私が学校から帰ると、家で一人泣いていることがありました。たたみ1畳ほどの洗濯機が置いてあるスペースに入れられ、ドアには、開けられないよう釘が打ちつけてありました。私は、ハンガーを釘に引っかけ、必死に釘を抜きました。また、弟が一人で家から出てしまうと、母は探すことができないため、授業中の私に探しに行けと学校に連絡が来ることもありました。

　急性期の母は、幻聴、妄想による父への浮気の疑い、破壊行動などの症状が強く見られていました。当時の連絡手段は電話だけだったので、父が職場で浮気をしているからと仕事に行かせないためによく電話が壊されていました。また、気に入らないことがあると、壁や私の学習机に穴が開いていました。何かにつけトンカチで破壊してしまうのです。また、ある時、一円玉を

百枚持たされ、「炭酸飲料を買ってこい」と家を出されたことがありました。1度目は、しぶしぶ店に買いに行くと「大量の一円玉で買い物ができるのは今日だけだよ」とお店の人に言われ、とても恥ずかしい思いをしながら購入しました。2度目に「行ってこい」と言われた時は、「イヤだ、行かない」と拒否をしてテレビを見続けていたところ、後ろからトンカチを投げつけられました。トンカチは、私の顔の横を通りテレビ台に刺さりました。幸い怪我はしませんでしたが、いつか殺されるとインプットされた出来事となりました。それからというもの、いつトンカチで叩かれるかわかりませんでしたので、安心して眠ることはできませんでした。また、家族と話をしなくなったのもこの頃からだと思います。

　母は複雑な家庭で育ったようで、身寄りは祖父しかいませんでしたが、戸籍を調べて親族を探し出していました。母の姉にあたる方と再会した時には、お互い泣いて抱き合っていましたが、妄想が激しく伯母を困らせていました。その後、お互いの家を一度行き来しただけで、それ以降、お会いすることはありませんでした。

　祖父は、よく私におもちゃを買ってくれました。会うたびに着せ替え人形を買ってくるので「もう、いらないよ」と言ったほどです。自転車もいつもピカピカに磨いてくれました。写真もたくさん撮ってもらいました。家に食事がない日は、祖父の家へ行き食べさしてもらっていました。そんな優しすぎる祖父は、私が10歳ごろに病気で亡くなりました。1回目の入院をした時には、折り紙で鶴を沢山作り、お見舞いにも何度も行きました。2回目の入院の時は、すぐ退院するだろうと思いあまりお見舞いに行きませんでした。残念なことにそのまま亡くなってしまったので、なぜお見舞いに行かなかったのかと今でも悔やんでいます。祖父がいなくなってから、安心できる大人がいなくなりました。父と遊ぶこともなくなり、家族との距離はどんどん離れて行きました。家の中に居場所のない私は、外に求めるようになりました。まだ小学生でしたので、友達と遊んでいるときは単純に楽しかったです。給食のない土曜日は、当然、食事の用意はされていないので、学校が終わりランドセルを家に置くと、そのまま友達の家へ向かいました。友人宅の祖父母が肉屋を営んでいたので、よくごちそうになっていました。「お昼は食べた

の」と聞かれれば「食べたよ」と嘘をつき、ほおばって食べる姿は不審な子どもだったと思います。

3) 小学校の頃～いじめと孤立

　小学校高学年の頃は、いじめを受けていました。毎日同じ服を着て、お風呂にも入らない子でしたし、言うことがたびたび変わる嘘つきな子でした。そんな状況ではありましたが、特定の仲の良い子がいましたし、のんきな性格でもあるため、いじめられていることはあまり気にしていませんでした。このころ、学校の介入は一切ありませんでした。授業中に転んで怪我をしたとき病院には連れて行ってもらえず、母に「保健室で診てもらいなさい」と言われていたため、連日保健室で手当てをしてもらいました。この時も「病院に連れて行ってもらわないの」と何度も聞かれましたが、手当以外は何もしてもらえませんでした。家庭の状況を話せていたら違ったのでしょうが、そんな選択が当時の私にはできるわけもなく、なんとか誤魔化さなければいけなかった情けない気持ちと傷跡は消えることなく今も残っています。

　小学生時代、母は医療にかかっておらず、唯一つながっていたのが宗教でした。様々な宗教を転々とし、その度に、知らない大人に付き合わされる日々を繰り返しました。弟の行方がわからなくなり、発見したのも宗教先でした。未就学児が一人で来てビデオを観ていても何もしない宗教、手からオーラが出る宗教。宗教に参加することで母の状態がよくなることはありませんでした。父からは、「お前が祈らないからよくならないんだ」と言われたこともありました。父もどうしたらよいかわからなかったのでしょう。成人してからも「人は、誰かに頼らなければ生きていけないんだ」と何度も説得されました。私の40年近い人生で、度々出てくる宗教問題。未だに宗教の呪縛が続いています（信仰の自由であり、押し付けるものではないと思っています）。

4) 中学生の頃～自分の生活習慣が違うことに気づく

　中学に入ると母の症状は少し落ち着いていました。私の方は、自分の生活習慣が人と違っていることに気がつき始めました。毎日お風呂に入ること、

一度着た服は洗濯をすること、洗顔フォームで顔を洗うこと、基本的な生活習慣が身についていませんでした。人との関わり方や嘘をついてはいけないことなど、気がついたことはすぐ改善できるよう努力をしました。知らないことだらけで、無知であることを恥ずかしく思いました。

　私は、小学4年生あたりから体重が増え続け、肥満で注意を受けていました。そのため、部活は父の勧めもあり運動部に入りました。走ることが苦手で運動は好きではありませんでしたが、他者からどう見られているのかと意識が芽生えたのと同時に初恋もして頑張ることができました。日々のもやもやした気持ちを運動で発散できていたようにも思います。また、この頃は音楽の魅力を知り、のめり込んで聴いていました。現実から逃避することで自分の居場所を確保していたのだと思います。

　高校進学時は、将来の夢はなく、友達につられて学校を決め、なんとなく福祉科を希望しました。合格発表の日、周りの友人たちが家に報告の電話をする様子をみて、なんとなく家にかけると、母に「おめでとう」と言ってもらえました。唯一、母親らしい優しい言葉でした。

5）高校生の頃〜家は寝るだけの場所

　高校時代、母は陰性症状が強く「だるい」「薬は眠くなるからイヤだ」とふさぎ込んでいることも多かったのですが、妄想と破壊行動は度々見られていました。また、動物に関する話以外は話しかけても無視されるので必要最低限の会話しかしませんでした。また、お小遣いは貰えなかったので、アルバイトをよくしていました。まかない付きの飲食店を選び、閉店まで働いて家には寝に帰るだけの生活をしていました。長期休みは様々なバイトを掛け持ちして働きました。中でも音楽関係のアルバイトは、辛い日々を忘れることができる楽しい仕事でした。

6）専門学校の頃〜他の家庭との違いを目の当りにする

　高校卒業後は、専門学校へ進学しました。進学後も「学校⇒バイト⇒寝に帰る」の生活は変わりませんでした。この頃、他の家庭との違いを目の当りにすることがありました。それは、友人家族と出掛けた時に、友人が母親と

楽しげに会話をし、一緒に買い物をしているのです。当時の私は、家族と完全にすれ違いの生活をしていましたし、会話をしようとも思っていなかったので、親と子が友達のように仲良く過ごす当たり前の家族の光景が、非日常すぎて衝撃を受けました。それ以来、より家族と距離を取るようになりました。

7) 結婚～家から離れるための選択

専門学校を卒業する年、私は妊娠をしました。将来への不安と夢をあきらめる気持ちでとても揺れ動きましたが、家から出られるチャンスだと思い、結婚を選びました。両親に結婚と妊娠を報告した時、祝福の言葉はありませんでした。

私が家を出た直後、母の状態は見る見るうちに悪くなっていったそうです。在宅では看きれず、入所施設への入居が決まりました。入居当日、母が「行かない」と拒んだため断念したそうです。身重の私には知らされていませんでした。

家を出てから3か月後に無事出産すると、父も母もとても喜んでくれました。普段、父の車でしか外出しない母が、一人で電車に乗り家と病院を往復してくれました。出産後は、育児用品を購入するために大型ストアまで一緒に買い物へ行きました。親に頼ることが増えてきたころ、私は軽い産後うつになり、実家の母に泣きながら電話をしました。母から返ってきた言葉は「なさけない」という冷たい一言でした。この言葉を聞いた瞬間、頼ってはいけない、自分がしっかりしなければと強く思い直しました。学生時代の友人にも依存気味になっていたため、同時に頼ることをやめました。

主人に母の病気のことを伝えていましたが、まったくと言っていいほど理解はなく病気であることを馬鹿にしていました。仕事も続かなければ、育児に関心もなく、家庭内別居の状態でした。

誰かに頼ることなく孤独に過ごしていたある日、1本の電話がかかってきました。「もしもし」と電話を取ると、「もしもしじゃねぇんだよ！！！」と大きな声で怒鳴られました。突然のことでびっくりし、イタズラだと思いましたが、「どちらさまですか」と返してみたところ、再び「○○（母の名前）に金払えって言っておけ！」と怒鳴り声が帰ってきたのです。母が借金をし

て、私を勝手に保証人にしていたようです。血の気が引く思いですぐ父に連絡を入れました。状況を説明すると、父はわかっていたようでした。その後、父が対処してくれたので、再び恐怖の電話がかかってくることはありませんでしたが、電話が鳴るたびに思い出し、怖い思いをしました。

8）離婚～自立に向けて歩む

母のようにはなりたくない。その一心で、子どもを育てるためにも、自立に向けて仕事を始めました。託児所付きという理由だけで決めたので、仕事の内容は苦手な営業でしたし、パートなので収入も少しでした。ですが、大事な友人たちとの出会いがありました。母に相談できない子育てのこと、料理の仕方、様々なことを友人たちと話し合いながら一緒に育児をしていきました。今でも付き合いがあり、子どもたちも「友だちというより、親戚みたいだね」と皆が居心地のいい関係になっています。孤独だった私に居場所ができました。

9）自分も親になって～家族の営みを体験

気持ちに余裕ができたからか、実家に育児や家庭のことを相談することはありませんでしたが、孫の成長は楽しみにしていたので、なるべく会う機会を作るようにしました。正月から始まり、お花見、動物園、水族館、潮干狩り、花火大会、誕生日会、クリスマス会など様々な季節の行事を行いました。外出時には、「弁当を持ってこい」と母の要望があり、毎回手作りのお弁当を持っていきました。子育てをしていくなかで、料理も人並みにできるようになりました。自分が幼少期の頃に体験してこなかった家族としての営みを、孫を通して行うことができました。実家での両親の様子も変わっていったようです。当時高校生だった弟に「二人が〇ちゃん（息子）の写真見ながらよく笑ってるよ」と教えてもらったときには大変嬉しく思いました。親孝行をしている気分でした。一緒に出掛ければ、母の問題行動は目につくし、周囲の視線がとても気になりました。

子どもが保育園、小学校と大きくなるにつれ、入学式や運動会など学校の行事を観てもらいたい気持ちもありましたが、呼ぶことはしませんでした。

母のことを誰にも話していませんでしたし、知られたくない気持ちが強くありました。季節の行事は、子どもが小学校高学年まで続きましたが、成長とともに行事は減っていきました。実家と距離ができ始めたころ、弟が結婚をし、子どもが誕生したことで、再び家族で集まることが増えていきました。弟が結婚した時、母は大きく崩れることはなかったようです。

10) 弟の結婚〜友人に支えられてきた弟

　私は結婚式をしませんでしたが、弟は式を挙げました。父は燕尾服、母はトイレが頻回なので着物ではなくスーツにしました。慣れないヒールで靴擦れをした母は、式場に着くなり「もう帰る」と言い出し、皆でひやひやしながらも一日がかりの結婚式に参加することができました。披露宴では、友人の言葉で皆が泣き、弟も友人に支えられて生きてきたんだなと実感しました。幼少からの思い出の写真では、よく見つけたなと驚くほどの様々な写真がありました。弟の小学校入学式の写真の母は、とても若く、まっすぐにカメラを見つめていました。また、唯一家族4人で出掛けた時の写真が出てきたときには衝撃を受けました。それは、家から車で30分もかからない場所にある、川ぞいの土手で、父と私と弟がサッカーをしている様子を母が撮影したものです。当時、私が小学4年生ごろで、母が急性期のころです。写真を見た瞬間、断片的にではありますが当時の様子を思い出しました。母がトイレの中で声を出しながら泣いていたのです。母はどんな気持ちで泣いていたのでしょうか。また、私はどんな気持ちで聞いていたのでしょうか。思い出すことはできませんが、あの瞬間の風景と母の泣き声は頭の中にしっかりと焼きついています。

11) 今の私〜少し母に向き合えるようになる

　未だに、壁に穴は開くし、外出をすれば知らない人を凝視して手をかざしながらオーラを送るし、問題行動は後を絶ちません。人並みの生活を送れるだけの回復は見られていませんが、孫に会うのを楽しみにしてくれたり、私が離婚したときに少しだけ味方になってくれたり、母親らしい一面を見せてくれるときがあります。母のことが嫌いで「女優の〇〇さん（天然でかわい

い）がママだったらよかったのに」と言って、父に本気で怒られたこともあったし、いまだに嘘でも好きだなんて言うことはできませんが、昔に比べれば、少しは母に向き合えるようになってきました。この気持ちの変化は、子どもの立場の家族学習会に参加してからです。数年前まで、母のことは誰にも話さなかったし、話そうとしても気持ちが詰まって泣くことしかできませんでした。家族学習会で、自分の育ちを振り返っていくなかで、一緒に買い物をしたかったこと、甘えたかったこと、他愛のない話をしたかったことなど、自分の本当の気持ちに気づくことができました。

　私は今まで、自己肯定感が低く、できない自分に劣等感をもって生きてきました。そんななか、私にとって子どもの立場のメンバーとの出会いは大きく、素直な気持ちを出せる場があることが自分の支えになっています。肩ひじ張らず、気が置けない仲間に囲まれて、少しずつですが、こころの奥に閉まっていた硬いものが緩んでいくように感じています。これからは、ありのままの母と自分に向き合いながら、自分をもっと大事にしていきたいと思います。

6. 林あおい　26歳

> **子**：女性、独身、兄1人。両親、兄と暮らしていたが、看護学生時代から親元を離れて現在まで一人暮らし。現在精神科病院で看護師として働いている。
>
> **親**：統合失調症と双極性障害の母。発症は結婚・出産後の30代前半。20年ほど通院したりしなかったりを繰り返すが、現在は通院し内服治療を続けることができている。入院歴はなし。職を転々とし現在は無職。父と二人暮らし。

1）小学生の頃〜母の発症

　私が小学2年生の頃、母は発症しました。お風呂から急に出てこなくなり、呼びにいったら「入らないで！　やめろぉー！」などと叫び、裸で暴れ始めたのです。一晩中、裸で大暴れして叫び続け、外に行こうとする母を父が羽交い絞めにしていたのを覚えています。私は兄と一緒に、祖父の部屋の押入れの布団と布団の間に隠れました。なぜか母は私を連れて行こうとしていたので、何が何だかわからなくて怖くて怖くて、押入れの中の布団の間で、息を潜ませて夜を明かしました。

　夜中に警察を呼びましたが、今から20年ほど前なので「家族のことは家族で解決してくれ」と取り合ってくれませんでした。翌朝、親戚が母を迎えに来ました。家中暴れてぐちゃぐちゃになっていました。叫び続けていた母は一晩中、父に押さえられていたため、口元がアザだらけになっていました。母は口元のアザを指し、「お父さんに口にチョコボールをぐりぐり付けられてこんな風になった」と私に言いました。幼かった私にもチョコボールの痕ではないことはわかりましたが、母は元々優しくて気弱な人であり、その時同じ母とは思えず、怖くて目も見れず、「うん」と答えることしかできませんでした。それから母は半年ほど実家に帰り、周りからは取り憑かれたと思われていて、除霊に連れて行かれたりしていました。ちょうどお墓を移すタイミングだったので、余計に先祖の霊に取り憑かれたのではないかと皆が思っていました。精神疾患について今より知識が普及していなかったこともあ

り、まさか病気だとは思いませんでした。

　色々な診療科をまわり、やっと精神科へとたどり着き、統合失調症と双極性障害[13]の診断を受けました。しかし、もともと精神疾患に対して偏見の強い母は、そんな診断を受け入れるわけもなく、薬も全く飲もうとしませんでした。精神科という病院に行くのも嫌がり通えず、父が水薬を病院からこっそりもらって、ジュースや味噌汁に混ぜて飲ませていました。父は当時、仕事も忙しく母のことや私たち子どもの世話もあり、本当に大変だったと思います。そんな家族想いな反面、気性が荒く、怒るとすぐに「お前が頭がおかしいから」「寝てばっかりいてだらしねぇんだよ」などと怒鳴り、言ったら余計に落ち込んでしまうようなことを言ってしまっていました。私も当時、病気について全く理解していなかったので、父の言うように母は寝てばっかりいて、だらしがない人だと思っていました。家も汚く「ゴミ屋敷みたい」と近所の人から言われたこともありました。母が私の友達のことを悪く言って遊ばせてくれなかったり、それを他の近所の人にも言うので友達本人に伝わって、友達から「お母さん私のことよく思っていないんでしょ。家だと私の悪口言っているんじゃないの」と言われたときは本当に悲しく、もう母には何も言うまいと思いました。誰とどこで遊ぶと伝えて、友達ともめたりするのなら、いっそ何も言わないほうがよいと思ってしまいました。ご飯が作れなくなったり、それらが病気のせいだとはわからずに「なんでうちのお母さんはこうなんだろう」と友達のお母さんと比べたり、ひどい言葉もたくさん言っていました。私を含めて家族みんな、母の病気の名前だけしか知らず、それがどんな病気でどうしていけばよいかなんて全く分かっていなくて、母に対して高EE家族[14]そのものだったと思います。

13）双極性障害は、うつ状態に加え、対極の躁状態も現れ、くりかえす慢性の病気です。家庭や仕事に重大な支障をきたし、人生に大きな傷跡を残してしまいかねないため、入院が必要になるほどの激しい状態を「躁状態」といいます。一方、はたから見ても明らかに気分が高揚していて、眠らなくても平気で、ふだんより調子がよく、仕事もはかどるけれど、本人も周囲の人もそれほどは困らない程度の状態を「軽躁状態」といいます。うつ状態に加え、激しい躁状態が起こる双極性障害を「双極Ⅰ型障害」といいます。うつ状態に加え、軽躁状態が起こる双極性障害を「双極Ⅱ型障害」といいます。（厚生労働省：知ることからはじめよう　みんなのメンタルヘルス）

14）EEとは、Expressed Emotion の略で感情表出です。批判、敵意、過度の感情的巻き込まれなど好ましくない感情表出が強くみられる場合、その家族を高EE家族と言います。高EE家族との接触が多いと、統合失調症の人の再発率が高くなると言われています。

その後なんとか説得し、通院してもらうことができました。「精神科」という病院にはどうしても行きたくないとのことで、「大きい一般病院の中の精神科」を選び、何とか納得してもらい通い始めました。しかし、母は病気の症状でもありますが、病識がもてないため、断薬や通院拒否があり、何か所か病院を転々としました。精神科へ受診した際、医師から母に病気や薬についての説明がはっきりとされなかったため、母は「私が病気なわけがない」と思っていました。

母は入院をしたことがなく、通院だけで今に至ります。自殺未遂をしたこともあり、入院を勧められたこともありましたが、母が拒否し、可哀想だと父が入院に同意はせず、入院には至りませんでした。幸い母は、初めて受診した頃から薬は少量から服薬していて、少量の薬でも継続して飲めていればよく効きました。精神疾患を患う中で、とても辛い副作用もあまりなく、調子が良いときは家事もこなせています。そして仕事に対してとてもやる気があり「仕事をしたい」と言って仕事を探して始めては、人間関係がうまくいかず辞めてを繰り返し、20か所以上も職場を転々としました。仕事をする度に「いじめられた」「悪口言っているのが聞こえた」「携帯を見られた」などと言って落ち込み、症状が悪化して仕事を辞める、症状が落ち着いてきたらまた仕事を始め、また落ち込んでの繰り返しでした。落ち込んでいる母を見たり、話を聞くのがとても辛く、とても可哀想でした。そして落ち込み、症状が悪化する度に断薬してしまうので、再び薬を飲むようにしていくこともとても大変でした。そういう時は大体、水薬をこっそり飲んでもらって、段々症状が落ち着いてきたら通院する、というパターンでしたが、途中でその水薬をこっそり入れていることが母にばれてしまった時が大変でした。もともとずっと父が浮気をしていると言い続けていたので、更に「変な薬を混ぜられておかしくしようとしている」と父に対しての不信感が強くなってしまいました。母の被害妄想は、家庭内では、ほぼ父に向いており、兄は母に対して割と無関心であったため、母の聞き役は大体私でした。母の脈絡がない話をずっと聞いているのはとても体力がいることで、母はもちろん辛いし疲れているのですが、聞いている私も話を聞き終わるとぐったりでした。症状が悪化すると決まって同じことを言います。病気になる前に地域の人にい

じめられたこと、そして父が浮気しているという話です。その内容は、何年経っても同じで、毎回毎回不思議なのは、本人が初めて話したといつも思っているということ。私はもう何百回と聞いてきた話なのですが、何故かいつも「秘密だよ」と話し始めます。聞いたよと伝えても「言っていないよ。やだねぇ。」といって笑うのです。

2) 中学生の頃～誰も信用できない

大人を信用できなかった私は誰を何を頼りにすればよいのかわからず、当時は本当に家にも帰りたくなくて、誰も信用できないと思っていました。親に甘えたり、相談することができなかったためか、人に頼るということが苦手で何でも自分でやろうとする癖があります。精神的にも金銭的にもどう甘えてよいのかがわからず、高校生の頃からアルバイトを掛け持ちして、自分で生計を立てて学校へ行き生活するようになっていました。頼り方がわからないまま大人になり、困ったときも、どうやって誰に相談したらよいのか未だにわかりません。自分の感情を表出するのが苦手で、素直に気持ちを伝えることも苦手で、そんな自分が嫌になることも度々あります。

3) 高校生の頃～頼らず自分でやろうと決意

私が母の病気とちゃんと向き合えるようになったのは、高校生の頃でした。インターネットを使うようになって統合失調症という病気のことを知りました。「〇％に遺伝する」[15] という言葉を見て、苦しんでいる母を見ながら私もこうなるかもしれないと感じたとき、初めて自分の問題として考えました。母と私の似ている部分を感じる度に「母のようになるかもしれない。何とかしなければ」と思い、母の病気を治したいと考えました。そして、病気について調べたときに、私たち家族が病気を治すどころか悪化させる対応をしていたことにやっと気がつくことができました。病気を抱えて、ずっと辛

---

15) 統合失調症は遺伝病ではありません。両親のどちらかが統合失調症の場合、子が統合失調症になる危険率は高くなるという報告があります。統合失調症の場合、遺伝要因は危険性に関連しますが、統合失調症と診断されている人の大多数には精神病の家族歴がありません。（日本精神神経学会監修：DSM-5 精神疾患の診断・統計マニュアル , 2014.）

い思いをしながら生きてきて、こんなに愛情をもってくれているのに、私は今までなんてひどい娘だったのかと、とても後悔しました。しかし、病気を治したいといっても、何をどうすればよいのか、最初は何もわかりませんでした。対応の仕方をプリントしたものをマーキングして、父に説明しても大体酔っているので「しょうがねぇんだよ」と話を聞いてくれず、病院に行かなくなる母に困って病院の先生に相談しても、家族でどうにか病院に連れてきてもらわないとどうにもできないと言われました。結局、家族の中でどうにかするしかないのだろうけど、誰に相談し、何をどうしたらいいのかわからず、私も辛くて泣いていました。

4）看護学校に進学〜学校で制度や家族会を知る

　精神疾患とは何なのか、母を守るためにも自分を守るためにも私自身がもっと知る必要があると思い、看護学校に入りました。看護学校で何か少しでも学び、精神疾患に詳しい方と出会い、相談できるような人ができればという想いと、家族に精神疾患についてもっと詳しい人がもしいたら、母の病気にもっと早く気づけたかもしれないという後悔からでした。

　学校で色々な制度や家族会があることを初めて知り、何といっても私自身が母に振り回されることが少なくなりました。母に対して「お母さんなのに」と思っていた気持ちを、病気について理解していくことで「病気なのだからしょうがない」と自分の中で消化できるようになってきたことが大きかったのだと思います。何かできることはないかと模索し、母が薬をやめてしまうのを何とかできないかと、母に病気について説明したりもしてみましたが、逆に私が母を「勝手に病気と決めつけて」と罵られました。通院しているクリニックの先生へ病気についての説明をしてほしいと頼みましたが、母へきちんと説明してくれることはありませんでした。母が何か相談してもいつも「娘さんは何て言っているんですか。娘さんに聞いてみたら」と言われるそうです。そんな時、あるクリニックを紹介してもらいました。母は最初嫌がりましたが、人の目を気にする母に、遠いため近所の人から見られる心配もないことなど説明し、なんとか説得して行ってもらいました。そこで母は今まで20年ほどこの病気と付き合ってきたのに、多分初めてちゃんと病

気についての説明を受けました。「あなたは間違いなく統合失調症という病気です。なのでこのお薬を必ずずっと飲まなくてはいけません」と先生は断言しました。病気について、薬について細かく説明してくれました。母は呆然とし、「そんなわけない。なんで…」ととてもショックを受け、落ち込んでしまいました。落ち込んだからもう嫌だ、とそのクリニックにはもう行くことがなかったですが、その落ち込みから立ち直ってきたら少しずつ母は変わっていました。「あの先生に病気だって言われたからなぁ」と明らかに薬をやめなくなり、少しだけ病識が芽生え始めました。

5) 今の父と母

　父もとても変わりました。以前に中村ユキさんの漫画「わが家の母はビョーキです」をとてもわかりやすいからと渡したところ、その当時は「読んでもわからない」と突っ返されました。そのまま置いておいたら、それから一年ほどしたときに急に「あの本読んでみたんだけど母ちゃんそっくりじゃん。びっくりしちゃった」といつの間にか読んでくれていました。相変わらずたまには強い口調で母に言っていますが、以前と比べると母への対応もとても柔らかくなりました。

　精神疾患にとって環境がとても重要であることも知りました。環境を変えるということは難しく、まずはできることからやってみようと母と一緒に1か月間、家の大掃除をしました。その頃くらいから母の調子が大分良くなってきました。何度か母の調子が悪くなったりの波はありましたが、ここ最近はとても落ち着いて過ごしています。通院を続けることでお金がかかることを気にしていた母に、以前から自立支援医療（障害者総合支援法に基づく通院医療費の助成）を勧めていましたが、市役所に申請するなんて絶対に嫌だと言い続けていましたが、去年に精神障害者手帳の手続きを自らしていました。薬をやめることも殆どなくなって、同じクリニックにずっと通っています。でも、「太るからいつか止めたいんだよ。病気って言ってもどこも調子悪くないし」と言ってはいますが。

　最近では父と2人で休みの度に近くに出かけたりと、それなりに楽しく過ごしているようです。環境が変わると人は変わる、というように周りの母

への接し方が変わったために母も少しずつ良い方向へと変わってきたのかな
と思います。

6) 今の私～自分の生きにくさを感じる

　私はというと、大人になるにつれて徐々に生きにくさを感じるようになり
ました。小さい頃から周りの大人たちにしっかりした子だね、えらいね、と
言われてきました。周りの大人たちに頼れず、自分でやってきたからだと思
います。自分で学費を払い生活費を払い、お金を貯めて進学して、正直とて
も辛かったです。色々な仕事をし、眠れない日々もありました。しかしそれ
は、母のためや目標のために頑張っていてすごいわけでは決してありません。
自分のためなのです。目標を持つこと、それによって頑張ろうとすることで、
私は「生きる意味」を感じたかったのだと思います。私は自己肯定感が低い
がために、目標に向かい努力をするということで、自己肯定感を保とうとし
ていたのです。しかしその分、常に頑張らないといけなくて、疲れて苦しく
なってしまうときもあります。「何のために生きているんだろう。家族にも
気を遣い、誰にも甘えられず、疲れたな」と自分自身の性格に対し嫌気を感
じてしまいます。本当は甘えたくて、認めてほしいのです。また、私のこの
頼るのが苦手、自分の気持ちを言うのが苦手、という点では社会人になって
仕事をする上で、自分のだめなところだと常々実感します。仕事を他の人に
振れず自ら抱え込んでしまったり、自分の意見を言うことや人前で率先して
行動していくことができず、そんな自分を変えていくことが今後の課題です。

7) 家族学習会への参加～自分の人生と向き合う

　今までこうやって私自身の人生と率直に向き合ってきませんでした。家庭
内がバラバラであったとしても家族もいるし、もっともっと辛い方もたくさ
んいると思います。しかし、自分と向き合い、それなりに辛い日々もあった
けど頑張ったな、と自分で自分を認めてあげると少し心が楽になりました。
過去と向き合うこと、自分自身と向き合うことができたのは、家族学習会な
どを通して同じ子どもの立場という仲間に出会えたおかげだと思います。人
前でそんなに話すことができなった母のことを話して理解してもらえる、共

感し合えるということは励みになり力になりました。

8）母への感謝

　今では母の病気に感謝している部分もあります。母が病気だったおかげで私は看護学校へと入るきっかけになり、学校でたくさんの青春とかけがえのない仲間と出会えました。母が病気でなかったら、今の生活はなかったなぁ、と思います。「統失さん、ありがとう」と母の病気に感謝しているのです。

第3節 ❖ ライフサイクルに基づく子どもの体験の整理

横山恵子

埼玉県立大学保健医療福祉学部看護学科

本節では、これまでの9人の体験談や伺ったお話から、ライフサイクルにおける成長発達の課題[16]と共に子どもの体験を整理します。

1. 乳幼児期

1）発達段階と親の精神疾患

乳幼児期は母親や父親などと愛着関係を形成する時期です。愛情に基づく情緒的な絆による安心感や信頼感の中で育まれながら、さらに複数の人とのかかわりを深め、興味・関心の対象を広げ、認知や情緒を発達させていきます。また、身体の発達とともに、食事や排泄、衣服の着脱などの自立、食事や睡眠などの生活リズムが形成される時期でもあります。

この時期の発達課題は、①愛着の形成（人に対する基本的信頼感の獲得）、②基本的な生活習慣の形成（食事・排泄など）、③生きる喜び、生きていく楽しさの原体験、です。

しかし、親が精神疾患を発症し、精神症状による感情の不安定さや感情表現の乏しさが生じると、子どもとの愛着関係が築きにくくなる可能性があります。親の病気の症状が強く、周囲とのつながりが乏しいと、子どもも親の症状に巻き込まれて、その影響は大きくなると想像されます。

2）症状を「親のくせ」と認識

今回の子どもたちの体験は、親の発病の時期によって違いがあるようです。

16）文部科学省：子どもの徳育に関する懇談会（第11回）（平成21年7月）「審議の概要」3. 子どもの発達段階ごとの特徴と重視すべき課題 http://www.mext.go.jp/b_menu/shingi/chousa/shotou/053/shiryo/attach/1282789.htm

乳幼児期に親が発病していると、子どもは症状ではなく、「親のくせ」として捉えることになります。

> **voice** 私が物心ついた時にはすでにブツブツ独り言を言っていました。幼稚園や小学校低学年の頃は母のクセだと思っていました。いつスイッチが入るかわからず、特に電車に乗るとブツブツ言っていました。家の敷地の外に知らない人がいて「誰かが家の中を覗いている」、家の中の物がなくなれば、「誰かが家の中に入ってきて盗っていった」と言っていました。

　親が病気によって、身なりを整えたり、家事をすることが苦手になると、子どものしつけが行き届かなくなり、子どもの生活習慣に影響を与えます。親自身が他者との付き合いが難しいと、子ども同士が遊ぶ機会が少なくなる場合もあり、これらは子どもの社会性などの発達にも影響していきます。
　成人した子どもにとって、乳幼児期のことは思い出すことが難しいようです。この時期に傷ついた体験であれば、なおさらその記憶には蓋をされるでしょう。一方で、発病前の親との楽しい記憶もこの頃にありますので、その後の辛い記憶が楽しい記憶に蓋をしている場合もあります。子ども同士が自由に語り合っていくうちに、楽しかった親との記憶を思い出すこともあります。この楽しかった記憶は、親との愛着の形成につながっています。人に対する基本的信頼感の獲得の基盤でもあります。子どもの生きる喜び、生きていく楽しさの原体験となっているのです。

2. 小学生

1）発達段階と親の精神疾患

　小学校低学年の時期では、大人の言うことを守る中で、善悪についての理解と判断ができるようになります。また、言語能力や認識力も高まり、自然等への関心が増える時期です。
　小学校高学年になると、物事をある程度対象化して認識できるようになります。対象との間に距離をおいた分析ができるようになり、自分のことも客

観的に捉えられるようになります。身体も大きく成長し、自己肯定感を持ちはじめる時期ですが、自己に対する肯定的な意識を持てず、劣等感を持ちやすくなる時期でもあります。

　この時期の発達課題は、①自己肯定感の育成、②自他の尊重の意識や他者への思いやりを育てる、③自然や美しいものに感動する心を育てる、④抽象的な思考への適応や他者の視点に対する理解、⑤集団における役割の自覚や主体的な責任意識の育成、です。

　しかし、親が精神疾患を発症すると、親の精神状態は不安定になりやすく、親の精神的不安定さが、子どもの食事や睡眠などの基本的な生活習慣に影響し、子どもの心身症（摂食障害など）や神経症の発症、問題行動につながる可能性があります。

2）生活習慣への影響

　親の精神状態は子どもの生活習慣に影響します。食事に関する辛い体験があり、大人になっても食事に関して興味がない方もいます。

voice 私は小さい頃から小食で、母から「もっと食べなさい」とよく言われていました。残すと「また残して！」と言われ、少なめに盛ってもらおうとすると「またそれだけしか食べないの!?」と言われ、どっちに転んでも怒られていました。小学校低学年の頃、当時は「給食を残さず食べましょう」と言われていたので、食べるのが遅かった私は掃除の時間まで給食を食べさせられていました。家でも学校でも食べることが苦痛になっていたので大人になっても食べることに興味がありません。

　親の精神的不安定さは子どもにとって恐怖の体験です。しかし、小さい子どもはその環境から逃げだすことはできません。

voice 私は一人っ子で、幼い頃に両親が離婚していたため、母の実家で祖母と三人で暮らしていましたが、毎日のように母と祖母の口論が絶えない状況でした。なぜ口論ばかりの家なのか分からず、怖くて毎晩、布団の中で泣いて寝る暮らしでした。

病気になった親の中には、歯磨きや入浴、衣服の着替えや洗濯など、子ども
もの世話やしつけができなくなる人がいます。親の病状からくる養育の放棄
（ネグレクト）[17]から、学校でいじめを受けていた子どももいました。その子
どもは、幸いにも、学校での友人関係があり、不登校になることはありませ
んでしたが、学校の先生からの介入は全くありませんでした。

　voice　小学校高学年の頃は、いじめを受けていました。毎日同じ服を着て、
お風呂にも入らない子でした。このころ、学校の介入は一切ありませんで
した。授業中に転んで怪我をしたとき病院には連れて行ってもらえず、母
に「保健室で診てもらいなさい」と言われていたため、連日保健室で手当
てをしてもらいました。この時も「病院に連れて行ってもらわないの」と
何度も聞かれましたが、手当以外は何もしてもらえませんでした。家庭の
状況を話せていたら違ったのでしょうが、そんな選択が当時の私にはでき
るわけもなく、なんとか誤魔化さなければいけなかった情けない気持ちと
傷跡は消えることなく今も残っています。

　子どもは、学校の先生に気づいてほしいと願いますが、介入を受けた子ど
もはほとんどいません。登校拒否になった際には、学校の先生が家庭訪問す
るなどの介入をすることがありますが、不登校や問題行動等の決定的な出来
事がなければ、学校は何もしないのが現状のようです。今回は、学校からの
予防的な関わりは語られませんでした。

3）子どもにとっての心の外傷体験

　子どもは命への危険を感じるような恐怖体験もしていました。しかし、そ
のことは誰にも話せませんでした。

　voice　ある時、一円玉を百枚持たされ、「炭酸飲料を買ってこい」と家を

17）ネグレクトとは、児童虐待の一種であり、子どもにとって必要なケアを与える適切な養育がなされ
　ないことです。児童虐待には、ネグレクト以外に身体的虐待、性的虐待、心理的虐待があります。
　（厚生労働省HP　http://www.mhlw.go.jp/seisakunitsuite/bunya/kodomo/kodomo_kosodate/dv/about.html）。

出されたことがありました。拒否をしてテレビを見続けていたところ、後ろからトンカチを投げつけられました。トンカチは、私の顔の横を通りテレビ台に刺さりました。幸い怪我はしませんでしたが、いつか殺されるとインプットされた出来事となりました。それからというもの、いつトンカチで叩かれるかわかりませんでしたので、安心して眠ることはできませんでした。また、家族と話をしなくなったのもこの頃からだと思います。

　この時期に、親の発病の瞬間や親の急性期症状を目の当たりにする子どもがいます。その恐怖はどれほど大きいことかと思います。親の病気の始まりを目撃した子どもは、次のように語っています。

`voice` 私が小学2年生の頃、母は発症しました。お風呂から急に出てこなくなり、呼びにいったら「入らないで！　やめろぉー！」などと叫び、裸で暴れ始めたのです。一晩中裸で大暴れして叫び続け、外に行こうとする母を父が羽交い絞めにしていたのを覚えています。私は兄と一緒に、祖父の部屋の押入れの布団と布団の間に隠れました。なぜか母は私を連れて行こうとしていたので、何が何だか分からなくて怖くて怖くて、押入れの中の布団の間で、息を潜ませて夜を明かしました。

　こうした恐怖の体験は子どもにとっては、心的外傷後ストレス障害（PTSD）[18]になり得ます。出来事の内容だけでなく、最愛の親を喪失していく体験でもあります。しかし、この体験を語ることは家族の中でもタブーであり、誰にも語ることはなく、心の底に押し込められたのでした。

4）子どもの生活への制約

　小学生になっても親が病気であるとはわかりませんでした。親の症状によって周囲との人間関係を阻害されることもあります。ある子どもは、母親が悪く言う人は、自分にとってはみんな良い人だったと振り返っています。

18）「PTSD（Post Traumatic Stress Disorder：心的外傷後ストレス障害）は、強烈なショック体験、強い精神的ストレスが、こころのダメージとなって、時間がたってからも、その経験に対して強い恐怖を感じるものです」（厚生労働省：知ることからはじめよう　みんなのメンタルヘルス　PTSD）

voice 小学生の頃は、母から近所の人に関する妄想的な悪口を何十回、何百回と聞かされました。でもその人は、私にとっては親切でやさしい人でした。

voice 10歳ごろになって、友達の家に遊びに行くようになってから、自分の母と友達の母との違いを感じ始めていました。母が厳しいのは考え方が古いからだと思っていました。友達の母は働いているが私の母は専業主婦。専業主婦になると母のような古い考え方になってしまうのではないかという恐怖から、自分は専業主婦にならないようにしようと小学生の時に決めました。

こうした制約は、子どもたちとの付き合いにも影響します。親が他のお母さんたちとの付き合いが難しいために、子ども同士が遊ぶ機会も少なくしてしまいます。

voice 普段から私の友達を家に呼ぶことを母は嫌がりました。お誕生日会を開いてもらったことはありません。自分のお誕生日会を開けないので、友達のお誕生日会に行くことも許してもらえませんでした。

5）親の病気は話してはいけないと考える

小学生の頃に父の病気が始まった子どもは、祖母から父に病気を人に話してはいけないと言われました。この病気は「恥ずかしいこと」という、精神疾患に関するセルフ・スティグマ（内なる偏見）[19]の付与であると考えます。

voice 祖母からは父の病気について「他人には絶対言ってはいけない」と教えられていました。後々聞いた話ですが、母も妹を産んですぐに精神科へ入院しており、祖母からは「母親はお前たちを捨てて行ってしまったん

19）セルフ・スティグマとは、あるグループからレッテルを貼られることによって生じる否定的な影響（パブリック・スティグマ）を自分が受け入れた状態（Corrigan et al., 2002）。

だ」ということを小さい時からことあるごとに言われていました。母のことも、父のことも「これから先、お友達にも結婚する時には相手の人にも絶対言ってはいけない。他の人は嫌がるから」と言われ続けました。どうして嫌がられるのか理解できませんでしたが、「恥ずかしいことなんだ」「他の人とは違うんだ」という認識をしていました。「家族のことを話してはいけない」という教えは私の中のトゲとなり、ずっと取れないままでいます。

6) ケアラーとしての役割を担い始める

子どもの中には、ヤングケアラー[20]となり、炊事や洗濯、掃除などの家事を担うようになる人も珍しくありません。同時に、「子どもでいる」ことをあきらめるようになることも多いです。

voice 小学校を卒業する頃には私が家族みんなの食事を用意することもありました。その当時は料理することが自分の自慢になっていましたが、今思うと一般的な家族という形に近づけようとしていたところもあったのだと感じます。生まれてからずっと母親というものを知らず、父も不完全なものになってしまったこと、それについて誰にも助けを求められないことで私は「子どもでいる」ことを諦めました。良い子でいることで周囲に自分の欠けているものがあることを悟られずに済むと思っていました。優等生でいることで他人に迷惑は掛からないし、手間がかからない子でいれば大人から褒められました。自分から大人に甘えたこと、抱きしめてもらったこと、思い出そうとしても全く記憶にありません。少しずつ他人と距離をとるようになり、自分の感情を出しづらくなっていました。

「子どもが子どもでいることをあきらめる」というのはどういうことなのでしょうか。周囲に甘えることのできる、信頼できる大人は誰もいないという

---

20) ヤングケアラー（子どもケアラー）とは、「家族にケアを要する人がいる場合に、大人が担うようなケア責任を引き受け、家事や家族の世話、介護、感情面のサポートなどを行っている、18歳未満の子どものことです」（日本ケアラー連盟ホームページ http://carersjapan.com/）

ことであり、子どもは良い子の仮面を身に着け、自分の心を閉ざすことしか
できませんでした。

3. 中学生

1）発達段階と親の精神疾患

中学生になると、急激に身体が成長し、二次性徴の出現や、体型の変化な
どが現れ、思春期となります。自我意識が高まり、様々な葛藤の中で、自ら
の生き方を模索し始める時期です。また、大人との関係よりも、友人関係に
強い意味を見いだします。異性への関心も高まります。親離れや反抗期を迎
え、親子のコミュニケーションが不足しがちな時期でもあります。

仲間同士の評価を強く意識する反面、他者との交流に消極的な傾向もあり
ます。また、様々な精神疾患が出現しやすくなる時期です。

この時期の発達課題は、①身体的成熟とその受容、②認知的発達、③親離
れ、④自我意識の高まり、⑤同世代の同性の友人との親密な交流、です。

親の病気によって、親子関係に変化が生じる場合があり、子どもの自我の
発達が妨げられ、集団の中で自分の気持ちや意見を伝えて交流することが苦
手となり、引きこもりがちになることがあります。また、家庭のストレスが
原因で、摂食障害や心身症、対人恐怖、強迫性障害[21] など、様々な精神疾患
を発症する危険があります。

2）制限される子どもの生活

中学生になると友人関係も深まり、活動の範囲も広がります。しかし、親
の病気の症状である被害的な妄想から、子どもの自由な交流は制限されるこ
とがあります。

voice 友達と電車に乗って買い物に行きたいとか、映画を見に行きたい
とか、母に言いましたが、「ダメ」の一点張りでした。きちんとした説明

---

21) 強迫性障害とは、自分でもつまらないことだとわかっていても、そのことが頭から離れない強迫
観念や、わかっていながら何度も同じ確認をくりかえしてしまう強迫行為という症状がでる精神
疾患です。（厚生労働省：知ることからはじめよう　みんなのメンタルヘルス　強迫性障害）

もないので納得できず「どうして？」と聞くと、ヒステリックになって「どうしてわからないの！　バカなんだから！」と怒鳴られ、叩かれました。もっとひどい言葉も浴びせられ、悲しいやらくやしいやらという想いで、家では泣くことが多かったです。こんな時、「（母が）早く死ねばいいのに！」と本気で思っていました。生まれて来たくなんてなかったと思っていました。

3）生活習慣への影響

　子ども同士の交流から、親からしつけや世話を受けていないこと、当たり前の生活習慣が身についていないことを自覚し、恥ずかしく思うこともありました。そして、子どもは、気づいた生活習慣を自分の力で身につけて行こうとします。

`voice` 中学に入ると自分の生活習慣が人と違っていることに気がつき始めました。毎日お風呂に入ること、一度着た服は洗濯をすること、洗顔フォームで顔を洗うこと、基本的な生活習慣が身についていませんでした。人との関わり方や嘘をついてはいけないことなど、気がついたことはすぐ改善できるよう努力をしました。知らないことだらけで、無知であることを恥ずかしく思いました。

4）貧困

　両親が別居したり、離婚しても、病気の親の多くは、働くことはできませんでした。病気の親と暮らす子どもには、貧困の問題が出現しやすくなります。しかし、同居する親は、生活保護など社会的なサービスを受けた体験はなく、病気を持ちながらも精一杯生活していたと思われます。その結果、経済的な厳しさは、妄想的な症状にも重なりました。

`voice` 父は、最低限の仕送りだけはしてくれていましたので、学校に払うお金がないとか、貧乏だと感じるようなことはありませんでしたが、母は、お金を使うことを極端に嫌いました。将来への不安からだったのかもしれ

ませんが、「病気のために考えられないほど質素な生活を送る人がいる」という文字を最近ネットで見かけましたので、症状の1つだったのかもしれません。

5) ケアラーの役割

　子どもが成長することに伴い、家庭におけるケアラーとしての役割は、いっそう大きくなります。子どもは普通の家庭を求めて懸命に努力しますが、家庭の中には様々な亀裂が生じ、子どもの手に負えなくなることもあります。両親の関係、きょうだいの関係、様々な問題が起き、子どもの多くは、傷ついていきました。

voice　自分自身も思春期であり、崩れていく家族に対して苛立っていました。妹の担任から状況を聞かれたりすることが嫌でたまりませんでした。自分がこれだけしっかりやっているのに、なんでちゃんとできないのか、家族に対しても普通であることを求めていました。

　多感な思春期だけに、心の傷つきは非常に大きかったと思います。大人に助けてもらえなかった場合、大人は誰も頼れないと確信するようになりました。病気の親の影響は、夫婦関係にも影響し、健常な親に対しても不信感が生じます。親から見捨てられたという絶望感は、大人は頼れないという考えになり、信念となって大人になってもなかなか拭えません。

6) 親の病状に伴う子どもの傷つき

　ある子どもは、中学3年生の時、母親が傷害事件を起こすという衝撃的な経験をしました。

voice　あの日、母はついに壊れたのです。奇声と悲鳴をあげて、包丁を持ち出し、外へ出て行った母を私は怯えながらも追いかけました。隣の家の扉の前でインターホンを笑いながら押す母は、大変恐ろしかったです。何度私が呼びかけても反応がなく、さっき家を出たばかりの父に電話して戻ってきてもらいました。それまでの間、母に説得を試みますが私の声は母

には届きません。幻覚の中にいたのでしょう。父が帰ってきた際に母と父は取っ組み合いになり、母の持っていた包丁の刃が父にあたり、父が怪我をしました。それからのことは覚えていません。また、父が来るまでの間、私は泣き叫んでいたらしく、その声を聞いた近隣の方が警察を呼んでくださり、母と父は警察へ連れていかれました。父は事情聴取を済ませ、母は措置入院の処遇を受けて、精神科病棟へ幽閉されました。

この事件は、幼い頃に離婚しようとする母を自分が引き留めたことで、母の人生を狂わせてしまったという後悔となります。この事件によって家族の崩壊が始まり、自分の存在への肯定感も喪失していきます。「あの日」は、その後の苦しみが始まる出来事になりました。

7）学校での友達関係に支えられる

家庭が辛い場である一方で、学校の友人との関係が、家から離れて自由になれる場になったという子どももいます。不自由な中でも運動や音楽、恋など、同世代の中学生と同じ体験をします。

voice 部活動や友人との交流も増えたことで学校だけが思いきり楽しめ、自分らしくいられる場所でした。次第に家族との関わりは薄くなっていきました。

voice 中学校に上がると部活に入ったり、友達と遊ぶ機会が増えたので母と距離を置くことができました。母との接触もかなり少なくなっていて、あまり記憶に残っていません。相変わらずブツブツ独り言を言っていましたが病状は安定していました。

voice 部活は父の勧めもあり運動部に入りました。走ることが苦手で運動は好きではありませんでしたが、他者からどう見られているのかと意識が芽生えたのと同時に初恋もして頑張ることができました。日々のもやもやした気持ちを運動で発散できていたようにも思います。また、この頃は音楽の魅力を知り、のめり込んで聴いていました。現実から逃避することで自分の居場所を確保していたのだと思います。

一方で、家のことを隠さなければならず、友達にも嘘をついてでも取り繕わねばならなかったという体験をした子どももいます。そのような状況の中で、学校でも心を閉ざしていきます。

voice 友達が、お母さんの話をすることがあって、「（私の）家はどうなの？」と聞かれると、なんとかごまかしてその場を取り繕ったり、嘘の出来事をでっちあげて話したりしました。学校では、なんとか普通の中学生でいたいと、必死だったのかもしれないなぁと思います。「母親が自殺未遂した」なんて重い話を、一体誰が聞いてくれるんでしょうか。誰にも話せないまま、夜に自室で誰にも気づかれないように声を殺して泣くようになりました。

4. 高校生

1) 発達段階と親の精神疾患

　心理的にも、社会的にも子どもから大人への過渡期です。親の保護のもとから、社会に参画し貢献する、自立した大人となるための最終的な移行時期です。思春期の混乱から脱しつつ、大人の社会でどのように生きるのかという課題に対して、真剣に模索する時期です。①親からの分離、②新しい人間関係の確立、③性的同一性の確立、④自らの生き方について考え、主体的な選択と進路の決定、が発達課題です。

　親の病気によって、親との距離の取り方が難しくなります。親からの精神的な分離がスムーズにいかないと、不安定な心理状態が継続することになります。そうしたことがストレスになって、自殺企図や暴力などの不適応な行動を起こすこともあります。また、親との密着から、親と切り離した人生を考えられなくなり、自由な進路選択をすることが難しい状況も出現します。

2) 病気の親との関係

　子どもが高校生になると、異性関係などに干渉をする親もいました。その結果、経済的な余裕がないことも加わり、家から逃れるために、アルバイトに精を出す子どももいました。

voice 高校生になると母の干渉が強くなってきました。高校1年生の時、ノートや教科書に書いていた落書きがきれいに消されていることがありました。問い詰めると母が「消した」と言い、その場でケンカになりました。私に隠れてコソコソとノートや教科書をチェックされていたのがショックでした。夏休みに友達と海に行く約束をしたので、かわいい水着を買いに行こうとすると、ものすごく反対され、結局許してもらえずスクール水着で行ったことがあります。窮屈で窮屈でしょうがありませんでした。しょっちゅう大声でケンカをしていて、この頃が一番激しかったです。

voice 話しかけても無視されるので必要最低限の会話しかしませんでした。また、お小遣いは貰えなかったので、アルバイトをよくしていました。まかない付きの飲食店を選び、閉店まで働いて家には寝に帰るだけの生活をしていました。長期休みは様々なバイトを掛け持ちして働きました。中でも音楽関係のアルバイトは、辛い日々を忘れることができる楽しい仕事でした。

voice 精神的にも金銭的にもどう甘えてよいのかが分からず、高校生の頃からアルバイトを掛け持ちし、自分で生計をたてて学校へ行き生活するようになっていました。

普通の高校生を演じ、学校の先生にも本心を見せることはありませんでした。次第に、自分で考えて判断し、行動することが日常になって、周囲に相談したり、助けてもらうことは考えられなくなります。人に頼れない行動は、成人しても続き、自分自身を苦しめていくことにもなります。

voice 両親が離婚したことや、母親がいなくなったことについて、誰かに相談することはありませんでした。高校生のときに、自分の家族構成はあたかも4人家族であるかのように書いて提出しました。そのため、先生たちは、私の家の事情を一切知らなかったと思います。高校を卒業する少し前になって、仕方なく「父子家庭」と書いて提出したとき「これ、今までどうして黙ってた?」と聞かれました。私は、「言う必要がなかったか

らです」と答えました。それがわかったところで、一体何をしてくれたの
だろうかと考えました。なるべく他の人と同じように、同じように、過ご
していきたいと必死だったのかもしれません。

3）友人関係への影響

　小さいころから一緒だった中学校の友達から離れ、高校という新しい環境
に移ります。しかし、高校で新たな友人関係を築くことは難しく、これまで
居心地の良かった学校は、自分の居場所ではなくなってしまいます。

`voice` 中学生まではある程度家庭状況を知っている仲でしたが、高校へ上
がるとまた一から自分のことを伝えていかなければならない環境になりま
した。それが余計に人に心を閉ざすきっかけになったと思います。悲惨な
家庭環境なのに、友人たちの一家団欒の話を聞いていると余計に家の状況
は話せませんでした。キラキラしている友人たちを見ていると、「自分の
汚いところは見せたくない」「相手のイメージ通りにいることで自分の理
想の生活を少しでも手に入れたい」という思いが強くなりました。

`voice` 高校生の頃は今考えても恐ろしいほど暗かったと思います。思い切
り笑った写真はほとんどありません。友達に、自分の本心を言わなくなり
ましたし、自ら進んで友人の輪の中に入っていくことができませんでした。
本当の自分を見せるのが怖かったのかもしれません。

`voice` 高校生の頃は、人付き合いも苦手でした。仲の良い友人は少しいま
したが、人と関わることもあまりしたくなくて、表面的な人間になってい
ました。私は苦しい時間を過ごしましたが、自分が助けを求めていいんだ
とは思えなかったです。私は何も話せず、助けを求められず、孤独でした。

4）ケアラーとしての役割の継続

　高校生になり、ケアラーの役割はさらに大きくなって、継続しています。
ある子どもは、妹が家庭の影響を受けてメンタル不全を起こしたため、その
妹を介護するという役割も担うようになりました。

voice 登校拒否の妹を担任の教師や学校相談員が訪ねてくるようになりました。家の中を見れば、一目でおかしな状況だと思うはずなのに、何も気づいてはもらえませんでした。ただ状況を聞きに来るだけ、それならまだしも無理やり妹の部屋に入りパニックにさせたこともありました。その後なだめるのは私の役目になり、学校関係者には何も期待できませんでした。大人よりも私の方がうまくできると思っていました。身だしなみに気を遣えなくなっていた妹の髪を切ってあげたり、少しずつ一緒に外出する機会を作りました。妹の面倒を見ていれば祖母や父からは感謝されました。偽りだらけでからっぽの自分でもここにいる必要性を感じられました。

5）病気について教えてもらえない

　家庭の中で親の介護も担っている子どもですが、高校生になっても、親の病気や対処について、誰も教えてくれませんでした。教えてもらったら、親との関係がもっと楽になり、自分の生き方も変わっていたのではないかと言います。

voice どうして母のビョーキのことについて、今まで誰も教えてくれなかったのか疑問に思うようになりました。もし、誰かが母への関わり方について教えてくれていたら、誰かが他者への相談の仕方を教えてくれていたら、どこに相談すればいいのか教えてくれていたら、「そんなに頑張らなくてもいい、子どもは子どものままでいていいのよ」と誰かが教えてくれていたら、私は今よりも、もう少し生きやすかったのではないかと思います。

voice 私が母の病気とちゃんと向き合えるようになったのは高校生の頃でした。インターネットを使うようになって統合失調症という病気のことを知りました。「〇％に遺伝する」という言葉を見て、初めて自分の問題として考えました。そして、私たち家族が病気を治すどころか悪化させる対応をしていたことにやっと気がつくことができました。しかし、病気を治したいといっても、なにをどうすればよいのか、最初は何もわかりませんでした。

6) 進路への影響

　このような体験は、子どもたちの進路選択に影響していました。福祉系の大学や看護学校など対人援助職に就くことを選択した子どももたくさんいます。中には、自分の進路を明確にできないままに進学した大学を進路変更し、他大学に編入して社会福祉を学ぶようになった子どももいました。9人のうち、6人が支援者の道を歩んでいます。

`voice`　「母親にもっと優しく接していれば」「話をよく聞いてあげていれば」「父の負担を少しでも減らしてあげられれば」「私にもっと力があったら、家族は壊れずに済んだのかもしれない」と思いました。どうして家族は壊れてしまったのだろうか。私には何ができたのだろうか。悶々と考え続ける日々が始まりました。この時の気持ちが、その後の進路選択に影響を与えていると思います。

`voice`　精神疾患とはなんなのか、母を守るためにも自分を守るためにも私自身がもっと知る必要があると思い、看護学校に入りました。

　支援者の道を選んだ子どもがいる一方で、経済的理由で進学を断念せざるをえなかった子どもがいました。

`voice`　私は、進学は許されなかったので、高卒で就職することになりました。今ほどではありませんが、進学する人が多かったので、高卒で就職しなければいけないということになった時は、恥ずかしいやら悲しいやら、とてもショックで残念な気持ちでした。大学・短大がダメと言われた時、専門学校の本などを見て夢を膨らませましたが、夢は完全に砕かれました。その頃、生きていてもしょうがないと思ったことがあります。将来に対する希望は全くありませんでした。

5. 青年期　自立

1）発達段階と親の精神疾患

　青年期は、高校を卒業した直後に相当します。高校を卒業し、就職か、進学かを選ぶことで、生活の多様性の幅は今までにない広がりを持ちます。職業や将来の方向性もこの時期に自分で決めていくことになります。

　身体的には成熟していても、心理的にはアイデンティティ（自我同一性）の危機が訪れます。「自分はどういう人間なのか」「自分は何をしたいのか」など、誰もが葛藤を経験する時期であり、過去の発達上の障がいや心理的葛藤も、この時期にあらわれやすいといわれます。また、親から心理的に分離し、一定の距離を保った関係が形成さる時期ですが、親との分離ができないと、アイデンティティの危機に直面し、無気力な状態や精神疾患の発症にもつながります。また、青年期は、統合失調症、対人恐怖などの精神疾患、自殺したい気持ちなどが出現しやすい時期でもあります。①アイデンティティの確立、②将来の方向性の確立、が発達課題です。

　この時期になると、親が病気であることを、認識できるようになる人が多く出てきます。親が未治療であると、何とか治療に結び付けられないかと悩みます。親の精神症状は、加齢とともに、顕在化する場合もあり、その症状のために日常生活に大きな影響が出ることもあります。

　そのような中、親との葛藤を抱えながら、親との心理的距離が取れない状態が続くと、その後の子どもの人生に大きな影響を与えることになります。

2）親からの影響

　親からの制約は青年期になっても続きます。子どもが就職して社会人になると、家庭の生計を助ける役割を担うようになります。しかし、幼児期からと同様に、成人しても、親は引き続き子どもの生活に干渉し、子どもが親から離れるという判断はなかなかできないものです。親との心理的な距離がとれない状況が継続することは、子どものメンタルヘルスにも大きな影響を与えてしまいます。

voice 会社員として働いていた時は、気軽に会社の方と出かけることはで

きませんでした。送別会だからと説明をしていても学生の頃の友だちの家に電話し、私がまだ帰ってこないと話し、あの家の子を相手にしてはいけないと言われました。このような毎日を過ごしていると私まで精神的に変になり食べ物を受け付けなくなり、会社にも行けなくなってしまい、休職しました。普通ではない母と一緒の家の中にいることが怖かったです。

voice 就職してからしばらくして、母に「男の人と二人で会ってはいけない」と言われました。その理由は「他人から見たら友達と思わないから」です。母の頭には「異性の友達」という概念は存在しないようでした。男性の友達から電話がかかってくると、どこの誰でどんな用件で電話してきたのかしつこく相手に聞いていました。母から警戒されていると思った友達は、もう私のところに電話はかけてきませんでした。

3）親元から離れる

　親と一体となって生活していた子どもたちにも、やっと親と離れる機会が訪れます。それは、進学や就職、結婚です。親と物理的な距離が取れたことで、親との心理的な距離も取れるようになり、子どもの心も徐々に安定し、自分自身に目が向けられるようになっていきます。

voice 就職先を決める際、家を出るかどうか迷っていました。ここで離れなければ、ずっとこの生活が続くと思うと「それは絶対に嫌だ」という気持ちの方が強くなりました。妹と一緒に引っ越し先を決め、新しい生活がスタートできることに喜びを感じていました。きれいな家でのびのびと暮らせることで私の心もだいぶ軽くなりました。実家にいたときは全く体調が悪くなったりしませんでしたが、自分の疲れや体調の変化を感じられるようになりました。自分のことに向き合える時間が少しずつ増えてきたからだと思います。

voice 「このままでいいはずがない！」「このままでは自分がもっと変になる」「変になりたくない」という強い思いから親戚を頼って連絡をとり、しばらくお世話になることにしました。どのような環境で私が育ったのかを、よく知る身内でしたのでサポートしてくれました。私が精神的に落ち

着いてアルバイトを始め、就職が決まり、一人暮らしを経験する中で、夫との出会いもありました。

voice 学生の頃から一人暮らしを長く続けてきたので、心理的に親から離れていったと自覚できるようになりました。それと同時に、「私は私の人生を生きている」という実感を持つようになりました。休日、まだ空気がひんやりとしている朝に私は散歩に出かけます。近くの小高い丘の上にある神社に行き、大きな栗の木の幹をさすりながら、自分のペースで歩くことに私は「あ～生きているなぁ」と実感します。ようやく、私は「母と共にある私」ではなく、「私」として生きられるようになってきました。親から離れて一人暮らしを続け、親と心理的にも物理的にも離れ、私のペースで生きて行くことを実感しつつあります。

6. 成人期　結婚

1）発達段階と親の精神疾患

　成人期は、職業人、社会人として責任を持つとともに、他者（同性・異性）との親しい関係を築き、人間関係を深め、それをもとに家庭人としての生活基盤を築き、生活の奥行きを広げていく大事な時期です。

　結婚は人生の大きな転機であり、重要な課題に立ち向かうことです。乳児期からの青年期にかけて培われた人格の成熟が、人との安定した情緒的関係を可能にします。結婚するパートナーの選択には、これまでの生き方や人とのかかわり方の特徴が反映されるといわれます。

　家庭生活では、お互いの文化、生活習慣を尊重し、新しい生活に適応していきます。考え方、価値観、金銭感覚から日常生活での習慣の違いまで、互いに理解し合い、折り合いをつけていかなければなりません。互いに協調し、支え合う中で、成熟していく機会となります。

　親の病気の影響を受けると、結婚や家庭生活に良い印象が持てなかったり、結婚したい相手が現れても、親の病気を明かすことをためらい、結婚に対して前向きに考えられなかったりします。他者との親密関係が持てないまま、結婚生活に入っても、適応できず、関係が破綻して問題が生じる場合もあり

ます。結婚生活では、これまでの自分の成長過程や、自分の傾向をより一層、意識することになります。

2）結婚への不安

　病気の親を持つ子どもにとって、結婚は大きな課題です。病気の親を持つ自分に結婚ができるのか、親をどのように相手の家族に紹介したらいいか、自分の子どもに遺伝することはないのかなど、様々な思いが駆け巡ります。本書に体験談を書いた子どもの立場の人のうち、結婚しているのは4人です。

voice 伯母に、母が昔入院した病院の名前を聞いて、行ってみました。カルテが保存してあり、「たいした薬は出ていませんから、たいした病気ではなさそうです」と言われ、病名はわかりませんでした。結婚した場合に子どもに遺伝しないのかも聞いてみましたが「大丈夫でしょう」と言われました。

voice 結婚できるだろうか、という不安がありましたが、今の夫にプロポーズされた時、フラれる覚悟で母のことを話し、会ってもらいました。理解ある人と出会えて良かったです。

voice 結婚前に私の母が精神的にちょっと変であることは話しておきました。理解のある夫で良かったです。夫は、地元の精神保健センターに一緒に相談に出向いてくれたりしました。

voice しばらくして結婚しましたが、両家の顔合わせから披露宴まで父がいたため、病気の母は何も問題を起こすことなく終えることができました。

　結婚の際の配偶者の選択では、その人との相性だけでなく、その人の育ちを考慮して決めている人もいました。どのようにその人が育ってきたのか、結婚してからの住まいと実家からの距離など、様々な条件の中で、パートナーを選択していました。

voice 彼自身が両親からすごく自律した自分を持っている人で、そういう育ちをした人。義理の両親も田舎から出てきて、自分たちで努力して子どもを育て上げた人たち。親を頼らず自分の力で生きていくっていう、しっ

かり持った考えのこの人だったら大丈夫だと思いました。穏やかな家庭で、毎日ご両親の中にいて、大喧嘩する中で育った人じゃなくて、朗らかな家庭、いわゆる普通の家庭で育った人。こんな私みたいな育ちをした人は絶対に嫌でした。

voice 私はやさしいタイプの人が好きでした。母のことがあるので結婚して家を出るとしてもある程度実家に帰りやすい距離のほうがいいな、という考えはありました。

しかし、家から逃れるための早急な結婚は、失敗となることもありました。お二人は、一度目の結婚に失敗しました。

voice 結婚した直後は、母から離れられた解放感がありましたが、夫の実家で暮らしていたので、多少気を使うところがありました。義母はとても優しい人でしたが、私が自分の母親を受け入れてない部分があったためか、義母に対しても多少壁を作ってしまい申し訳ないことをしたと思っています。夫とはDV（配偶者間暴力）が原因でうまくいかなくなりました。夫はとても短気だったので、結婚してからも事あるごとに「嫌なら出て行け」と言っていました。更に母からは「帰ってくるな」と言われ、双方から「お前はいらない」と言われている気持ちになって自殺を考えました。いろいろ考えているうちに落ち着いてきて、その後、離婚して実家に帰りました。

voice 専門学校を卒業する年、私は妊娠をしました。将来への不安と夢をあきらめる気持ちでとても揺れ動きましたが、家から出られるチャンスだと思い結婚を選びました。両親に結婚と妊娠を報告した時、祝福の言葉はありませんでした。主人に母の病気のことを伝えていましたが、まったくと言っていいほど理解はなく、病気であることを馬鹿にしていました。仕事も続かなければ、育児に関心もなく、家庭内別居の状態でした。母のようにはなりたくない。その一心で、子どもを育てるためにも、自立に向けて仕事を始めました。

また、今回の９人の子どもの体験談にはありませんでしたが、結婚を選ばなかった、あるいは選べなかった子どもたちも沢山いることと思います。

7.　成人期　子育て

　出産、育児は成人期の課題です。子どもを持つか持たないかという選択は、夫婦それぞれにとって、その後の人生設計、ライフスタイルに関わる大切なテーマとなります。子どもが誕生し、家族が増え、協力して育てていくプロセスの中で、夫婦ともに成長し絆も強まっていきます。

　しかし、女性にとって妊娠と出産は、喜びである半面、心身ともに大きな負担のかかることでもあります。出産後は、ホルモンのバランスも崩れやすく、新生児の世話で疲労し、情緒的に不安定となって、出産後の抑うつ症状（マタニティー・ブルー）が現れることもあります。

　子育ては、自分が育てられた方法にとても大きな影響を受けており、自分の子育てのモデルは一番身近な親となります。自分自身が十分な養育を受けなかったと感じると、子育てに自信がなく、普通の子育てはどのようなものかと悩むことになるでしょう。また、反面教師で子育てしているつもりが、自分が親にやってもらったこと、見てきたものが子育てや生き方に刷りこまれていることに気がつくこともあります。親自身の幼少期における未解決な問題が、子どもの養育を契機に出現することも珍しくありません。

　病気の親を持つ子どもにとって、結婚に続いて、子育ては大きな試練となるでしょう。病気の親に相談したり、頼ることができないこと、愛着など健康な親子関係を体験していないことから、子育てのモデルのない中での育児になることが多いからです。今回、子育てを３人の方が経験していましたが、保育園を活用したり、育児雑誌を読んだり、友人に聞いたりしながら、子育てをしていました。中には、夫にしつけや育児のアドバイスをしてもらっている方もいました。

voice　母のようにはなりたくない。その一心で、子どもを育てるためにも、自立に向けて仕事を始めました。託児所付きという理由でだけで決めたの

で、収入も少しでしたが、大事な友人たちとの出会いがありました。母に相談できない子育てのこと、料理の仕方、様々なことを友人たちと話し合いながら一緒に育児をしていきました。孤独だった私に居場所ができました。

voice 25歳で結婚して家を出て、子どもを2人産み育てつつ、母を養う必要があったものですから、ずっと働いてきました。子育てをするにあたり、親はあてになりませんでしたので、育児雑誌を読みあさったり、友達に聞いたりして乗り切りました。

voice 子ども時代こういう育ちだったから、いろんなものに何も興味がないです。楽しいこととか、読んできた本とか映画とか、全くそういうのがなくて。おばあちゃんとお母さんが毎日喧嘩してるんで、もう怖くて泣いてるっていう環境。落ち着いて本読むとか、勉強するっていうことを知らなかったんですね。勉強を穏やかな気持ちでしたことがなくて、勉強が全然わからなかったですね。だから今子どもに教えられなくて。子どもが大きくなってきて、自分の主観で言ってるところは、主人が修正してくれるっていうのはありますね。この子に決めさせなきゃいけないっていうふうに言われます。あの子と付き合っちゃ駄目みたいなことは絶対言っちゃいけない、子どもに選ばせなさいと。

8. 親の介護

　親の介護の問題は、避けて通れない課題であり、介護する側のストレスも大きいです。家庭で介護する場合は、本人が家族とつながっている存在かどうか、家族が社会に開かれているかどうかも重要だと言われます。

　病気がある親は、人との接触を避けていることが多いため、家族が地域のサービスを使おうとすると、親から拒否されるなど、介護の難しさが生じます。加齢とともに、様々な身体的な病気を合併するだけでなく、認知症の問題も出現しやすくなり、さらに問題を複雑にします。

　親の介護は2人の方が経験していました。ある子どもの母親は、極端な倹約をしながら冷暖房のない修繕されない自宅に一人で住んでいましたが、3

年前に母親の体の具合が悪くなって受診し、地域包括支援センターの支援を受けて、特別養護老人ホームに入所することになりました。

voice 老人ホームに入って早３年。他の病気の受診のついでに念願の精神科にもかかることができましたが、軽い妄想は持続しています。治してあげられないのは残念です。ホームには、認知症の人がたくさんいて職員さんはその対応を勉強して慣れていますので、変なことを言い出してもうまくかわします。いつまで生きられるかはわかりませんが、ホームに入って、やっと人並みの衣食住の整った暮らしをすることができるようになったことはとてもありがたいです。

もうお一人の方の母親は、父親が亡くなった後は、一人で暮らしていましたが、妄想と共に、認知症も出現しました。初めて地域包括支援センターに相談し、母を説得して受診、老人ホームに入所しました。入所して１年ほどで亡くなりますが、短い期間でも穏やかな生活ができたことを嬉しく思っています。

voice 保健師さんに来てもらい２人で説得した結果、どんなに勧めても歯医者すら行かなかった母が病院に行けたことは奇跡だと思います。これが認知症ではなく統合失調症の段階で受診できていたらまた違った生活になっていたかもしれません。第三者の介入で病院へつなげるなんて考えたこともありませんでした。その後、母は無事老人ホームに入所することができました。
　最初の２～３か月は統合失調症のような発言もしていましたが、だんだんそれもなくなり認知症の部分が多く現れ始めました。それがとても不思議な変化だと思いました。そんな中、母が突然亡くなってしまいました。入所後１年余りの出来事です。亡くなる３日前に会いに行った時は元気だったのに。でも母がホームに入っていた１年間は周りの人達から優しく受け入れられ、穏やかに暮らすことができました。統合失調症の部分があまり出なくなったのは、周りに受け入れられた安心感からなのかな

とも思いました。一人暮らしの時とは雲泥の差だったと思います。たった1年間でしたが幸せに暮らせたのが本当に良かったと思いました。

　未治療の親の場合は、本人の病識がないことから、社会的サポートも得られないまま、社会から孤立して生活しています。この状況を、子どもはずっと心配しながらも、何の手立てもなく、ただ見守ることしかできませんでした。親の高齢化による身体疾患の発症や認知症の出現によって生活の破綻を余儀なくされたことで、初めて医療にかかり、支援者に出会う機会を得ていました。認知症が出現するなど、すでに精神疾患の治療を受ける段階ではありませんでしたが、高齢者の社会的サービスにつながり、初めて人間らしい生活を取り戻すことができました。あれほど人とのかかわりを避けていた親が、あたたかい環境の中で穏やかに暮らすことができたことは、子どもにとって驚きでした。本人が安心して生活するためには、周囲の適切な対応が重要であることを理解しました。親の穏やかな生活は、親子の関係を再構築できる基盤となり、互いの愛情を確認できる機会となりました。短い期間であっても、子どもにとって大きな喜びでした

第4節 ❖ 大人になった子どもの困難とリカバリー

横山恵子

　前節では、ライフサイクルに応じて子どもがどのような体験をしたか整理しました。子どもは、成人した現在でもなお生きづらさを感じていることが少なくありません。一方で、大人になってから、病気の親との関係が修復される場合もあります。本節では、大人になった子どもが今なお抱える困難を整理するとともに、困難を乗り越えて親子関係の修復や自身のリカバリーに至る経過について述べます。

1. 大人になっても残る子どもの後遺症

　大人になった子どもたちは、様々な困難を抱えています。子どもたちの多くは、困難を自ら外に出すことができず抱えたまま生きています。外側からは見えない、また気付かれないようにしているため、抱えている困難からの苦しみはより一層強くなってしまいます。

1）ありのままの自分を出せない

　多くの子どもは、大人から親の病気についてきちんと説明されていませんでした。身内から親のことは話してはいけないと言われ続けることで、病気は人に知られてはいけない悪いものと認識されます。その体験は、子どもに精神疾患に関するスティグマを付与することになりました。子どもの中にはセルフスティグマ（内なる偏見）が大きく存在しています。子どもの頃に体験した親の急性期症状や病状に伴う事件は恐怖の体験であり、子どもにとって心的外傷体験（PTSD）といえます。スティグマがあるために、恐怖体験を誰にも語ることができず、家族内でさえ話すことはタブーとなりました。その結果、心の傷が癒されることなく、大人になってしまった人も少なくありません。

voice 外側の自分は笑っていて、内側の私は泣いています。誰にも頼れず悲しむ本当の内側の私は、いつも助けを求めていました。それなのに甘え方や頼り方、弱さの見せ方を知らない外側の私が内側の自分を閉じ込めてしまいます。私も同世代のみんなと同じように、心の底から楽しい！や幸せ！だって言いたいし、感じたいです。

voice 大学生の頃までは自分の問題を自覚しつつ人との関わりを避けてきました。しかし、人の生活や思いを支える仕事に就いて、深く人に関わる姿勢が求められた時、私は自分の問題をさらに自覚していくことになりました。私はこれまでの人生の中で、母が「壊れていく姿」の目撃者となってきました。仕事で人と関わる時にどうしても過去の恐怖が目の前に現れます。それは私にとって乗り越えなければならないことです。私の過去を同僚には話していません。私の過去を知られることで、差別されることが怖かったのです。

2）誰にも頼れない生き癖を持つ

　子どもたちの多くは、成長過程でたくさんの困難にぶつかりましたが、誰にも頼らず、自分の力で必死に生きてきました。自分以外は信用できず、他人に頼るということはできていませんでした。周囲から「しっかり者の優等生」というレッテルを貼られ、その期待通りにふるまってきた子どもたちは、様々な問題を一人で抱え込みやすくなります。大人になっても、仕事や家庭など生活の中で苦労していました。

voice 何をするのも自分一人で考えて行うようになりました。誰かに頼りたい時もありますが、誰に助けを求めればよいのかわかりませんでしたし、自分の気持ちを分かってくれる人なんていないんだろうと思っていました。期待してもそれに応えてもらえた経験が少ないため、人に対して信用する気持ちは薄くなってきました。

voice 今までは、母のことで夫や娘に迷惑をかけたくないという想いが強かったのですが、この日ばかりは夫と娘に協力を依頼しました。夫の協力

郵便はがき

101-8796

537

料金受取人払郵便

神田局
承認

7451

差出有効期間
2021年7月
31日まで

切手を貼らずに
お出し下さい。

【 受 取 人 】

東京都千代田区外神田6-9-5

株式会社 明石書店 読者通信係 行

ᴵ�志ᴵᴵ志志ᴵ志ᴵᴵ志志ᴵᴵ志ᴵᴵ志志ᴵ志志ᴵ志志志ᴵ志ᴵᴵ志志

お買い上げ、ありがとうございました。
今後の出版物の参考といたしたく、ご記入、ご投函いただければ幸いに存じます。

ふりがな		年齢	性別
お名前			

ご住所　〒　　　-

TEL	（　　　）	FAX	（　　　）

メールアドレス	ご職業（または学校名）

＊図書目録のご希望	＊ジャンル別などのご案内（不定期）のご希望
□ある	□ある：ジャンル（　　　　　　　　　　　　　　）
□ない	□ない

書籍のタイトル

◆**本書を何でお知りになりましたか？**
　　　　□新聞・雑誌の広告……掲載紙誌名[　　　　　　　　　　　　　　　　　　　]
　　　　□書評・紹介記事……掲載紙誌名[　　　　　　　　　　　　　　　　　　　]
　　　　□店頭で　　　□知人のすすめ　　　□弊社からの案内　　　□弊社ホームページ
　　　　□ネット書店 [　　　　　　　　　　] □その他[　　　　　　　　　　　　]

◆**本書についてのご意見・ご感想**
　　■定　　　　価　　□安い（満足）　　□ほどほど　　　□高い（不満）
　　■カバーデザイン　□良　い　　　　　□ふつう　　　　□悪い・ふさわしくない
　　■内　　　　容　　□良　い　　　　　□ふつう　　　　□期待はずれ
　　■その他お気づきの点、ご質問、ご感想など、ご自由にお書き下さい。

◆**本書をお買い上げの書店**
　　[　　　　　　　　　　市・区・町・村　　　　　　　　書店　　　　　　店]

◆**今後どのような書籍をお望みですか？**
　　今関心をお持ちのテーマ・人・ジャンル、また翻訳希望の本など、何でもお書き下さい。

◆**ご購読紙**　(1)朝日　(2)読売　(3)毎日　(4)日経　(5)その他[　　　　　　新聞]

◆**定期ご購読の雑誌** [　　　　　　　　　　　　　　　　　　　　　　　　　　]

ご協力ありがとうございました。
ご意見などを弊社ホームページなどでご紹介させていただくことがあります。　□諾　□否

◆**ご 注 文 書**◆　このハガキで弊社刊行物をご注文いただけます。
　　□ご指定の書店でお受取り……下欄に書店名と所在地域、わかれば電話番号をご記入下さい。
　　□代金引換郵便にてお受取り…送料＋手数料として300円かかります（表記ご住所宛のみ）。

書名		
		冊
書名		
		冊

ご指定の書店・支店名	書店の所在地域	
	都・道 府・県	市・区 町・村
	書店の電話番号　（　　　　）	

がなかったなら、母を病院に連れて行くことはできなかったと思います。涙が出るくらい有難い出来事で、母のことは、長い間、誰にも何も助けてもらえませんでしたので、この日地域包括支援センターの職員の方に助けてもらえたことは一生忘れられません。とても感謝しています。職員さんのおかげで母の身辺環境は劇的に変わりました。私一人ではとてもそこまでを一日でやり遂げることはできませんでしたので、本当に助かりました。

3）自己肯定感が低く自信がない

　大人になった子どもたちは、様々な技術や能力を獲得して、今、社会でしっかりと生きています。しかし、子どもたちは、異口同音に「自信がない」「自己肯定感が低い」と言います。外側と内側の姿には大きなギャップがあるようです。

voice 自分には失ったものがある、みんなより欠けている、その思いが私から自信を奪います。ぞんざいな扱いには慣れてるからと自分を大切にしない私は友人から、悲しまれたり、怒られたりしました。自己犠牲だけの日々は、私が大切に思う人たちのことを幸せにしないことを知りました。

voice 目標を持って頑張ろうとすることで、私は「生きる意味」を感じたかったのだと思います。自己肯定感を保とうとしていたのです。しかし、その分、常に頑張らないといけなくて、疲れて苦しくなってしまうときもあります。「何のために生きているんだろう。家族にも気を遣い、誰にも甘えられず、疲れたな」と自分自身の性格に対し嫌気を感じてしまいます。本当は甘えたくて、認めてほしいのです。また、私のこの頼るのが苦手、自分の気持ちを言うのが苦手、という点では社会人になって仕事をする上で、自分のだめなところだと常々実感します。仕事を他の人に振れず自ら抱え込んでしまったり、自分の意見を言うことや人前で率先して行動していくことができず、そんな自分を変えていくことが今後の課題です。

2. 親子関係の修復

1) 病気に気づき、親の病気を治したいと考える

　子どもが成長して成人すると、親の状況を客観的にみられるようになります。これまで親のおかしな行動を単なる癖と捉えた人も、病気の症状ではないかと疑うようになります。病気だとわかると親への見方が変わり、これまで許せなかった親のことを許せるようになったり、病気なら治してあげたいという感情が出てくることも珍しくありません。子どもの頃の決して健全とは言えなかった親子関係に変化が生じていました。

voice　ある日ふと「母は病気なんじゃないか」と思いました。そこで、父や伯母に聞いてはじめて、母が精神病で入院したことがあると知りました。子どもの頃は、父が出て行ったのは、こんなおかしな性格の母のせいだと思っていましたし、理不尽なことで怒られたり、叩かれたりしたことがよくありましたから、「早く死ねばいいのに」と真剣に思っていた時期もありましたが、この時、「病気だったら仕方ない」「かわいそうに」「治るものなら治してあげたい」という気持ちに変わりました。

2) 親との関係を再構築する

　成人して、親と離れた生活の中で、病気の親との関係にも変化が生じます。両親が離婚し、病気の親と別れて生活してきた子どもは、気がかりだった親と再会することを決断し、病気の親との新たな関係を再構築しようと試みていました。しかし、それができるのは親が病気の治療を受け、社会的な支援が入っていることが前提のように思われます。子どもの中には、大人になってからしばらく離れて暮らしていた病気の親と向き合うことで、親への見方が変化していった方もいました。そして、病気の親からの変わらない子どもへの愛情を実感して、凍りついていた心が溶けていくようなぬくもりを感じ、自分自身の生きる力を得ました。

voice　思い立って母に会いに行きました。どうしても、母のことを放って

おくことができなかったのだと思います。久しぶりに会った母は、うつむいて暗い顔をして苦しそうにしていましたが、時折笑っていました。母と会って、「ああ、母は病気なんだ」という事実を胸に突き付けられたような気持ちになりました。でも、娘にようやく会えたことが彼女にとって嬉しかったのだということは、ひしひしと伝わってきました。ビョーキになっても、離れて暮らしていても、母がずっと変わらずに自分のことを思い続けてくれていたということに、喜びを感じました。

　母と再会し、これから母との関係を再構築していこうとしていた折、がんを再び発症しました。母の姿を見て、「今は彼女が生きようとしているんだから、それを応援しよう」という気持ちに自分も変化し始めることができてきたのではないかなと思います。子どもの頃は、十分な時間を過ごすことができなかったし、自分の気持ちを伝えることもできなかったけれども、今はそのときよりも母に対して理解を持って接することができますし、共に病と闘っていくことができるような気がします。

voice　母と私は、約４年間の空白の時間があります。その間に母は障がい者になったこと、私は福祉の大学に進んで精神保健福祉士の勉強をしていたこと、様々な変化がありました。支援者を目指すことで母との関係がこじれてしまった時期もありました。また、母と上手くいかなかった時に当時の彼氏や大学の友達と関係をこじらせてしまったことがあります。その時改めて、私は自分の人生を考えることの大事さを知りました。親睦の深い友人や母から貴方が幸せになってほしい、早く幸せになってね、と言われたり、願われて始めて自分の幸せを考え始めました。

病気の親と暮らしてきた子どもも、離れて暮らすようになってから、親と適切な距離感をとれるようになってきました。

voice　過去の自分と距離を置けるようになってきたことで、母への思いも変容していきました。母がガンになった時、実家で飼っていた犬が亡くなった時、私は自然と母を心配するようになっていた。また、「母が死んでも泣けないな」と思っていた過去に比べ、母がガンと知った時に、母を失

うことへの不安で、自然に泣いていました。私は、自然な感情を、自然に感じられるようになってきたのです。

`voice` 父の子どもがえりがひどく、何を言ってももらちがあきません。以前はそんな親に対して怒りをぶつけることが多かったのですが、「どうしようもない人だ」と切り替えがついてきたのか、わがままを言う子どもを見ているような気持ちで呆れて笑えるようになってきました。

`voice` 弟が結婚した時、披露宴では、友人の言葉で皆が泣き、弟も友人に支えられて生きてきたんだなと実感しました。幼少からの思い出の写真では、よく見つけたなと驚くほどの様々な写真がありました。弟の小学校入学式の写真の母は、とても若く、まっすぐとカメラを見つめていました。人並みの生活を送れるだけの回復は見られていませんが、孫に会うのを楽しみにしてくれたり、私が離婚したときに少しだけ味方になってくれたり、母親らしい一面を見せてくれるときがあります。

　子ども自身が成人して、子を持つ親になると、自分が幼少期に体験できなかった営みを親の立場でありながら、子どもと一緒になって自分も経験することになります。我が子の子育てを通して、自分の育て直しをするような体験となります。

`voice` 実家に育児や家庭のことを相談することはありませんでしたが、病気の親は、孫の成長を楽しみにしていたので、なるべく会う機会を作るようにしました。正月から始まり、お花見、動物園、水族館、潮干狩り、花火大会、誕生日会、クリスマス会など様々な季節の行事を行いました。私は、子育てをしていくなかで、料理も人並みにできるようになりました。自分が幼少期の頃に体験してこなかった家族としての営みを、自分の子育てを通して行うことができたのだと思います。

3. 仲間との出会い

　孤独に生きてきた子どもたちが仲間と出会います。今回、体験を書いてくださったのは、子どもの立場の「家族による家族学習会（家族学習会）」に関わった方々です。家族学習会を通して変わっていく子どもたちの体験を説明します。

1）自分の本当の気持ちに気づく

　子どもたちは、家族学習会などに参加して同じ子どもの立場の方々と出会いました。その出会いはその後の人生に大きな影響を及ぼしました。特に、家族学習会ではライフサイクルを追いながら自分の育ちを振り返ります。その際、他の人の似た経験を聞くと記憶が刺激されて、「そう、そう」「わかる、わかる」と自分の当時の感情が蘇ってきます。惨めだった気持ち、恐怖心や孤独感に苛まれたことなど、感情を含めた体験をわかりあうことができます。それは、必死に誰にも頼らず、自分の気持ちに蓋をして生きてきた子どもにとって、はじめて安心して率直に気持ちを出せる場であり、その後の人生に大きな意味をもつ体験となりました。

voice 家族学習会で、自分の育ちを振り返っていくなかで、一緒に買い物をしたかったこと、甘えたかったこと、他愛のない話をしたかったことなど、自分の本当の気持ちに気づくことができました。私は今まで、自己肯定感が低く、できない自分に劣等感をもって生きてきました。そんななか、私にとって同じ子どものメンバーとの出会いは大きく、素直な気持ちを出せる場があることが自分の支えになっています。

2）自分を大切にして生きていく

　子どもたちは、小さい頃から病気の親の話し相手になったり、家事を手伝うなど、親を介護するケアラーとして生きてきました。病気の親との距離が取れず、巻き込まれて苦しんだりもしてきました。そのような子どもたちが、仲間と出会い、体験を語り合う中で、自分の育ってきた過去の体験を整理し、変わっていきました。大人に成長した子どもたちは、やっと自分自身に目が

向けられるようになりました。そして、これからは自分を大切にしながら、自分の人生を生きたいという気持ちに変化していきました。

> **voice** 初めて自分の幸せを考え始めました。どうしても未来よりも過去に生きがちな私ですが、少しずつ今を生きていくためにどうすべきかを考えるようになりました。今では明るい未来を描く練習をしたり、自分に足りない感情や経験をこれからの人生を通して補っていきたいと思います。私の大切な人たちに素直に自分の気持ちをのせた感謝の想いを伝えていきたいです。

> **voice** 私にとって、重要な他者であり、母という姿の現実から眼をそらすことはできません。私にとってその母の姿は重荷でありながら、背から下ろすことができないものです。私にとって母の意味とはなにか？　そんな問いの答えを探しながら、私は「私」として生きていきます。

> **voice** 以前は病気の親に対して怒りをぶつけることが多かったのですが、わがままを言う子どもを見ているような気持ちで呆れて笑えるようになってきました。これから先も不安は尽きませんが、今は何とかしようとしても無理なこともあると割り切り、できることは本人にやらせ、他の支援者に頼る、そうやってやっと手に入れた自分の生活を守っていこうと思っています。

3）仲間が出会える場をつくりたい

　自分が仲間と出会って救われた経験をしたことで、まだ仲間につながっていない子どもたちにもこの気持ちを届けたいという思いが生まれました。

> **voice** こんな経験をしてきた私は不幸だし、普通の家で幸せに育ってきた人がうらやましいとずっと思って、ふさぎ込んで生きてきました。けれど、自分よりもっともっとつらい経験を笑いながら話す仲間と出会って、ようやく自分もこうして体験を話せるようになりました。これからは同じ立場の方たちに、「ひとりじゃないよ」「いつまでもずっと苦しいわけじゃないよ」ということを伝えていきたいと思っています。

4）今まさに苦しんでいる子どもたちを救いたい

　子どもたちは、大人になった仲間だけでなく、今まさに苦しんでいる小さな子どもたちも救いたいと考えるようになりました。そのためにはどのような方策があるのか考えています。まずは、子どもたちの側にいる支援者の方に、自分たちの存在を知ってもらい、援助の手を差し伸べてほしいと思っています。

voice せめて成人した子どもの立場の仲間が集える場が欲しいと思ったことから活動を始めました。こうして体験談を書くことで、今まさに親と暮らしながら苦しんでいる子どもたちに、少しでも支援者の救いの手が届くことにつながってほしいと期待しています。

voice また、誰かが声をかけてくれる、気にかけてくれるということだけでも大きな救いになります。そのためには、まず私たちの存在を知ってもらうことが必要だと考えています。少しでも多くの人に、こうした子どもたちのことを知ってもらえるようになることを願っています。

voice 親が精神を病んでいる状況に育つ子どもは、その環境から逃れられないので、子どもと関わる機会の多い学校の先生などの気づきが大事だと思います。まわりの大人にも精神疾患を理解してもらえる世の中になってもらいたいです。

voice その家庭環境から救い出してあげることはできないとしても、声をかけて、孤立している心を救ってあげて欲しいです。一人じゃなくて、仲間がいっぱいいるんだよということを伝えて欲しいです。その子どもたちは、支援が必要なふうには見えないかもしれません。しっかりしていて、「大丈夫です」と言うかもしれませんが、きっと心の中では助けて欲しいと願っています。どうか、一度だけでなく、何度も声をかけてあげてください。気にかけてくれる人がいるというだけでも心の支えになるのです。

4. 子どもにとってのリカバリー

　子どもにとっての回復とは何なのでしょう。最近、回復という言葉に代わってリカバリーという言葉が使われます。リカバリーは1980年代に精神障がいのある当事者が提唱し、1990年代では精神障がい者リハビリテーションの新たな目標概念として登場しました。

　精神障がい当事者であり心理学博士でもあるディーガン[22]は、「リカバリーは1つの過程であり、生活の仕方、姿勢であり、日々の課題への取り組み方である。それは完全に直線的な過程ではない。時に我々の進路は気まぐれであり、たじろぎ、後ずさりし、立て直し、そして再出発することもある。……求められることは課題に立ち向かうことであり、障がいによる難問に対処し、障がいによる限界の中で、あるいはそれを乗り越えて、新たな価値のある誠実さと目的を再構築することである。願いは、意味ある貢献ができる地域で、生活し、仕事をし、人を愛することである。」と述べています。

　このように、リカバリーとは、単なる回復ではなく、たとえ生きづらさや困難をかかえていたとしても、人はより自分らしい生き方、生きがいのある暮らしに向かって歩んでいけるという、そのプロセスをさす言葉です。

　リカバリーの目的は、症状をなくすことではありません。何より大切なのは、本人が、こういう生活がしたいという夢や希望を持ち、それを周囲が支えることです。たとえ病気の症状が残っていても、症状とうまくつきあいながら、学校に通ったり、働いたり、結婚や子育てをすることであり、誰にでもリカバリーは可能なのです。

　最近では、当事者だけでなく、精神障がい者の家族も自らのリカバリーを考えるようになりました。家族は、これまでケア提供者として見られてきましたが、家族も当事者と同様に、固有の人生をもつ存在です。大切な家族の発病は辛く、困難な体験ですが、その体験があるからこそ得られる価値ある人生を見出すことができます。

---

22) Deegan, P.E.：Recovery：The lived experience of rehabilitation, Psychosocial Rehabilitation Journal, 11（4）, 11-19, 1988.

子どもにとってのリカバリーとは、自分自身の「尊厳」「希望」「人生」「生活」を取り戻すことです。自分の人生への主導権を取り戻すことでしょう。辛かった過去を見つめたことで、あらためて、封印されていた記憶が思い出されて、苦しい時もあったかと思います。しかし、そのことで、過去の自分に向き合え、自分がどのように育ってきたのか、どのような影響を受けたのかが客観的に見えてきます。そして、困難な体験をしてきたからこそ、自分の力で生きるたくましさと優しさを持っていること、嫌いだった病気の親も、親なりに不器用ながらも自分を愛してくれていた姿に気付くことでしょう。それは、もう一度、親子の関係を取り戻すきっかけとなるのではないかと考えます。

　リカバリーは、ゴールではなく、プロセスです。子どもたちはつながり、語り合い、希望を取り戻し、主体的に人生を歩んでいくことでしょう。

第2章
精神障がいのある親をもつ子どもへの支援のあり方

第1章では、精神障がいのある親に育てられた子どもの体験談を紹介した後、ライフサイクルに応じてどのような困難に遭遇してきたのかを整理しました。本章では、現在行われている関係領域での支援を述べていきます。子どもや児童に関わる法律のうち、児童福祉法など多くの法律において、児童を18歳未満の者と定義しています。本章においても18歳未満の子どもとその親に関わる主な支援機関による支援の現状や課題を扱います。まず、ここで支援の全体像を時系列に沿って説明します。

　はじめに健康な親子全員と関わるのは、母子保健の領域です。親子への支援の入り口であり、健康的側面から支援が開始されます。母親が妊娠、出産し、小学校入学までの間、母子保健法にのっとり、市町村が主要な役割を担います。市町村保健センターの主に保健師が妊婦面接、新生児訪問、乳幼児健診などを行っています。母親が精神科治療を受けている場合は、妊娠や出産の時期に精神科が産科と連携して支援にあたることが理想的です。医療機関とも連携しながら、市町村保健センターが退院後の生活に向けて関係機関と協力して支援を開始します。出産後に訪問や健診などで市町村保健センターが親子全数を把握するため、これまで精神科治療歴がない場合であっても、産後に精神症状が出現した場合、フォローが必要なケースとして把握され、支援が行われます。

　児童虐待のハイリスクだと判断された場合は、市町村の児童虐待担当課や児童相談所が虐待防止の観点で経過観察・介入します。虐待通告・相談は、市町村や児童相談所が受理し、対応します。市町村では、要保護児童対策地

域協議会を設置しており、子ども虐待防止を目的として関係機関のネットワークを構築し、組織的な対応を行っています。虐待の危険性が高まったときは、子どもを家庭から離す措置をとる、一時保護が行われますが、この機能は児童相談所が担います。18歳になるまでは、児童相談所や児童福祉領域の支援が必要に応じて提供されます。

就学前の子どもが通う場としては、保育者の事情によって保育を行う保育園（0歳から小学校入学まで）と主に教育を行う幼稚園（概ね3歳から小学校入学まで）が重要です。精神障がいの親に育てられる子にとって、安全安心が確保された適切な環境が、発育発達を伸ばしてくれる重要な場になります。

小学校入学後は、子どもが日中生活する場は学校になります。学校保健の領域で、養護教諭や教職員が中心となって子どもへの支援が行われます。

精神障がいのある親は、経済的に困窮することが珍しくありません。そのため、生活保護のケースワーカーも子どもにとって必要な支援者になります。

精神障がいのある親のうち、訪問看護や障がい福祉サービスを利用している場合は、訪問看護師、精神保健福祉士、ヘルパーなどが親子を支援しているでしょう。医療や障がい者支援の領域における支援も今後充足させていく必要があります。

本章では、これらの関係領域のうち、母子保健、児童相談所、精神科医療、保育園、学校、生活保護の分野において、精神障がいのある親や育てられる子どもに支援者がどのように関与しているのか、また、支援の課題は何かということを述べていきます。

第1節 ❖ 母子保健

蔭山正子

大阪大学大学院医学系研究科公衆衛生看護学教室

　妊娠、出産、育児は、誰にとっても重大なライフイベントです。そして、子を持ち親になることは、人生の中でかけがえのない経験です。しかし、誰でも育児を楽しめるわけではなく、楽しみや生きがいと同時に、悩みを抱えて育児をしている親もいます。戦後は核家族化が進み、また、隣近所の助け合いも形骸化したことなどから、地域や大家族で育児をする時代は終わり、親だけが育児をする時代になっているのが現実です。

　地域には育児を支援する専門職がいます。数々の専門職の中で、小学校入学までの間に子どもの発育・発達を見守り、親を支える中心的な役割を担っているのが保健師です。居住地の市町村には、保健センターという場所があり、母子保健活動が展開されています。母子保健手帳の交付、出生届、出生後の全戸訪問、乳幼児健康診査、予防接種を通して、保健師が基本的に全ての児の状況を直接的・間接的に把握します。この母子保健システムは、世界一と言われるほど優れています。

　時期ごとに母子保健システムと精神疾患のある親への対応について説明します。

1. 妊娠そして出産

　産科を受診して妊娠したことがわかると、妊婦は、どこの産科医療機関で出産するかを見越して通院先を決めるでしょう。精神疾患治療中の場合は、医療機関の選択で苦労することが多いです。なぜなら精神科のある病院は、精神科単科病院であることが多く、産科等身体科を併設していないことが多いからです。また、身体科の医療従事者は、概して精神疾患への理解に乏し

く、偏見をもっていることは珍しくありません。知識不足、苦手意識、偏見などから精神疾患患者は産科を含む身体科を受診することが難しいのが現状です。米国では、精神疾患があっても、ない人と同じくらい親になっていると言われており[1]、精神疾患があっても出産して育児することが当たり前になっています。しかし、日本では精神疾患治療中の妊婦は、未だにハイリスクケースで特別対応が必要なケースとして扱われます。そして、大学病院や総合病院など都道府県に数か所しかない高度医療機関を紹介されることも少なくありません。精神疾患患者の産科受診の対策は非常に遅れていると言わざるを得ません。

　妊娠していることがわかると、妊婦は、市町村の窓口に行き、妊娠届を提出し、母子健康手帳を発行してもらいます。保健センターで保健師が対応することもあれば、支所などで事務職が対応することもあります。母子健康手帳と一緒に、妊婦健診を無料で受診できる券やその他のサービスも紹介されるでしょう。近年、妊娠から出産、育児まで一貫した支援ができるような対策が進められており、担当の保健師と顔合わせをしたり、子育てコンシェルジュなどの総合相談窓口が用意されている自治体も増えてきました。

　子育て支援と同時に児童虐待対策も強化されています。対策の一つが妊娠期からハイリスク妊婦を特定し、支援しようとするものです。平成21年の児童福祉法改正を受け、出産後の養育について出産前の支援が特に必要な妊婦を「特定妊婦」と呼び、支援することが自治体に求められています。具体的には、産科からの連絡の他、妊娠届を提出した際に保健師が面接したり、簡単な質問票に記入してもらうことで、特定妊婦に該当するか否かを把握する取り組みが行われています。多くの自治体では、望まない妊娠など一般的な項目の他、精神科治療歴を把握しています。精神科治療中や治療中断であれば、特定妊婦として要支援者と認識されることが多く、保健師などの支援が始まります。保健師は、必要に応じて精神科の主治医や産科医に連絡して、支援をします。母子保健対応の保健師は、必ずしも精神疾患や精神障がいの

---

1)　Nicholson, Joanne et al. 2001. Critical Issues for Parents with Mental Illness and Their Families. Retrieved（https://www.uwgb.edu/bhtp/tools/critical_issues.pdf）

ある方への支援に慣れているわけではありません。そのため、親からすると、保健師のことを頼りなく感じたり、配慮が不足していると感じる場合もあると思います。母子保健担当の保健師が精神保健相談のスキルを向上させることが必要と考えます。

　妊娠中は、母親学級、両親学級をはじめとして親になる準備のための教室が用意されており、自治体開催の場合は概ね無料で受講できます。妊娠の経過や注意点、出産に向けて準備する物品、分娩時の過ごし方、新生児の特徴、沐浴や着替えといった育児手技、予防接種の受け方、事故予防などの出産・育児に必要な知識や情報を得ることができます。また、母親学級は、出産月の近い妊婦と知り合いになる機会にもなります。出産後は、ママ友（母親同士の友達）となり、育児の相談や情報共有をしたり、一緒に子どもを遊ばせる友達に発展することもあります。しかし、精神障がいの場合、人付き合いが苦手という障がい特性があるため、参加して友達をつくるということが難しいのが現実です。また、一般の母親・両親学級では、精神疾患や精神障がいに特有な注意点や準備について知ることはできません。親に精神障がいのある場合の本人・配偶者・親族への知識・情報提供のあり方、親同士のピアサポートについては、今後の課題と考えます。

事例　第一子の妊婦・うつ病治療中
妊娠中から産後を見据えて支援体制を整えた

　妊娠届で精神科治療中と把握したため、地区担当保健師として関わりました。うつ病を治療中であり、妊娠中に病状が不安定になりやすいことや、産後に育児困難になることも予測できたので、妊娠中から産後を見据えて支援体制を整えました。産後の支援体制を検討する際は、地域で精神障がい者を支援する地域活動支援センター職員、妊婦のパートナーとケア会議を行い、障害者総合支援法のサービス導入の調整も行いました。できる限りの準備を行うことで、妊婦やそのパートナーは安心して出産に臨むことができました。

2. 出産から3・4か月

　出産した後は、10 ～ 20％に産後うつ病が発症すると言われています。精神疾患の既往がある人では、再発も起こりやすく、特に双極性障害や大うつ病では4割から半数が産褥期に再発すると報告されています[2]。その他、産褥精神病、不安障害、摂食障害なども病状が悪化しやすいと報告されています[3]。つまり、妊娠、出産して間もない時期は、メンタルヘルス上のハイリスクな時期だと言えます。母親の病状悪化から自殺や児との心中の危険性が高まります。産褥精神病では幻覚妄想によって子殺しに至ることもあります。

　市町村では、生後4か月までのすべての乳児がいる家庭を訪問することになっています。乳児家庭全戸訪問事業（こんにちは赤ちゃん事業）というものです。訪問するスタッフは、保健師、助産師の他、研修を受けた地域で活動するボランティアの方などです。母親の産後うつ病のスクリーニング（発見）、精神状態のアセスメント、育児不安の把握を行い、虐待のリスクアセスメントを行います。精神疾患の既往がある場合は、保健師が訪問することが多いと考えられます。産後うつ病のスクリーニングに広く使われている指標に、エディンバラ産後うつ病自己評価票（EPDS）という10項目の指標があります。そのような指標も活用しながら、親の精神状態をアセスメントして、支援が必要と判断された場合、養育支援訪問事業を導入されることがあります。これは、訪問して育児支援を行うサービスであり、3か月間などの短期・集中的な支援が行われ、必要に応じて、より長い期間に渡って支援が提供されます。障害者総合支援法による自立支援医療の訪問看護や、障害福祉サービスの居宅介護などのサービス調整が行われる場合もあります。

　これらの支援を通して児童虐待のハイリスクケースと判断された場合は、市町村が設置する要保護児童対策地域協議会において、要保護児童として取り扱われ、関係機関で情報が共有されます。要保護児童対策地域協議会では、

---

2) Di Florio, Arianna et al. 2013. "Perinatal Episodes across the Mood Disorder Spectrum." JAMA psychiatry 70（2）:168–75. Retrieved（http://www.ncbi.nlm.nih.gov/pubmed/23247604

3) National Institute for Health and Clinical Excellence（NICE）. 2015. "Antenatal And Postnatal Mental Health: Clinical Management and Service Guidance." NICE Clinical Guideline（4–51）. Retrieved（http://www.nice.org.uk/nicemedia/live/11004/30433/30433.pdf\nguidance.nice.org.uk/cg45）.

行政の他、警察、学校、保育園などの関係機関が構成員になり、児童虐待の情報共有、システム的な対応、予防活動などに取り組んでいます。要保護児童対策地域協議会や虐待通告を通して、虐待が認められると、児童相談所が介入します。児を親から一時的に離して児の安全を確保せざるを得ない場合が発生することもあります。

　出産後に虐待のハイリスクケースと判断される親には、精神症状の悪化による心中の可能性がある方、精神症状の悪化や感情のコントロールが難しく児に身体的暴力をふるってしまう方、精神障がいによって安全な育児ができない方、精神症状が悪化して育児に支障が生じているにも関わらず支援を受け入れない方、などがいます。精神疾患の既往があるのに治療中断となっている方も少なくありません。出産後は、精神疾患の再発や精神症状の悪化が起きやすい時期ですから、定期的な治療を受けるのはもちろんのこと、福祉機関等で日頃から支援者とつながりをもち、いつでも相談できる人を見つけておくことはとても重要なことです。妊娠中に適切な支援体制を築いておくことは、出産後に親子一緒の生活を継続させるために必要です。

事例　第一子出産直後の母親・精神科既往歴なし
産科からの連絡を受け、医療につなげた

　産後うつ病かもしれないと産科から保健センターに支援依頼があり、訪問しました。母親に精神科外来を伝えてみると興味をもってくれたので、精神科診療所にはどんなところがあるか案内しながら、母親の希望を聞いて受診先を一緒に考えました。その際、自宅からの距離、診療所の患者層、医師の性別や人間性など具体的な情報を提供しました。母親が自分だけで受診することは、難しいかもしれないと判断し、父親に同伴を促しました。その後は、継続して通院しており、うつ症状も改善し、育児も問題なくできています。

事例　新生児を育てる母親・うつ病の既往あるが治療中断
病院へ連絡をして退院後の生活や相談体制を整えた

　産科から妊娠連絡票が保健センターに届き、うつ病の既往があるこ

とを把握したため、出産前から母親（妊婦）に電話していました。産後、新生児訪問をした際にEPDSが高得点でした。うつ病の既往があるためだろうと判断しましたが、母親の様子が気になったため、何度か立ち寄り訪問をしました。しかし、玄関先で対応されるのみで相談関係を築くことは難しかったです。その後、4か月健診に家族が児を連れて来所した際に、母親が精神科病院に入院していることを知り、父親の了解をとり、病院のワーカーに連絡しました。父親からは、母親は「不眠があり入院した」と聞いていましたが、病院のワーカーによると入院前の母親には、児に向かって、暴言を言って物を投げたりして激しい症状がみられたとわかりました。そこで、入院中から病院に訪問して、母親や父親、主治医、ワーカーと退院後の生活環境について相談しました。育児負担を軽減するために、保育園の利用、訪問看護やヘルパーの導入を母親や父親に勧めました。退院前には、関係職種が集まり支援検討会議を開催しました。今は、保育園、訪問看護、ヘルパーなど多くの関係者が支援にあたっており、保健師が支援のマネジメントを担っています。

事例　第一子出産後すぐの母親・精神科既往歴なし
自殺のリスクアセスメントを行い、無理に受診につなげず継続的に支援した

　第一子出産後、育児不安が高いと産科病院から連絡があり、助産師と一緒に新生児訪問をしました。高層マンションに居住しており、高層階の自宅から「ふっと飛び降りたくなる」と言い、EPDSも高得点でした。助産師は動揺していました。言葉に惑わされずに自殺のリスクアセスメントをするために質問しました。死にたいと言っても具体的に考えているわけではなく、実際に飛び降りようとする気持ちはないとわかりました。育児や家事はできており、思考の混乱もありませんでした。精神科受診について案内したものの抵抗がありました。自殺のリスクは高くないが、症状が悪化した時には受診を促す必要性を感じていたため、症状の変化に留意して支援しました。出産後1年近く定期的に訪問して、母親が自分で問題解決できるよう後押しする支援を行い、母親が元気に楽しく育児ができる姿になったところで継続支援を終了しました。

3．3・4か月以降小学校入学まで

　3・4か月児健診、1歳6か月児健診、3歳児健診は、集団健診として保健センターで実施される場合が多いですが、医療機関に委託して個別健診の方式をとっている自治体もあります。集団健診の場合は受診率は9割以上です。他にも9・10か月健診、6・7か月健診が行われている自治体もあります。健診では、児の発育と発達をみるだけでなく、親の育児負担や育児の悩みも把握され、親子への支援の必要性が判断されます。健診を受診しない場合は、保健師が電話や訪問によって児の様子を確認し、親の相談にのっていきます。何度アプローチしても親と連絡が取れなかったり、児の所在を確認できない場合は、児童虐待のハイリスクケースと判断され、要保護児童対策地域協議会のケースとして取り扱われるでしょう。

　児に発達の問題がみられた場合は、早期に療育機関につなぎ専門的な支援を受けられるようにします。

事例　3歳児を育てる母親・境界性パーソナリティ障害の診断あり
相談の枠の中で、母親が自分の気持ちや行動を振り返られるよう支援した

　1歳6か月児健診でイライラすると子どもを突き飛ばしそうになると母親が言い、以後、継続的に支援しています。子どもがかんしゃくを起こした時など、イライラしてしまいます。そのため、イライラしたときは、保健師に電話をかけていいよと伝えています。電話では、気持ちを自分の言葉で話してもらうようにしています。そうすると、話すだけで落ち着き、問題が整理されることが多いです。（必要なときに電話をかけてきてくれた時、）電話をかけていいということを覚えてくれたことに「ありがとう」と伝えました。今も家の近くに行った時は、家に寄ったりして母を見守っています。イライラしたときに子どもにあたってしまうのは、なぜかをきちんと自分で考えてもらい、虐待につながってしまう危険性に気づいてもらうように話します。これまでは、自分の気持ちをあまり感じてなかったようですし、人に言おうと思っていなかったかもしれませんが、保健師に困っていることや感情を話すことで、自分の

気持ちをきちんと見つめることができるようになりました。

　父親は、気に入らないことがあると、自分の思い通りにさせようとして、大声で怒鳴っていました。私は、1時間でも2時間でも相手の怒りが落ち着くまで「うんうん」と聞きながら待ちました。完全に否定すると拒絶されるので、肯定できる部分を何とか探してまず相手を肯定しました。肯定することで相手も親身になってくれているという感覚をたぶん抱いてくれたと思います。距離感がぐっと縮まったように感じました。信頼関係を築いた後にこちらの意見をしっかりと伝えるようにしました。また、児が通所する保育園の保育士が父親を怖がっていたので、保育士の精神的な支援も行い、児の成長を見守ってきました。

　最近は、父親から保健センターに顔を出して、他愛もない会話をするようになりました。関係を築くのに4年かかりました。心を開いてきてくれているのかもしれません。

　どっぷりとこちらがいろんなことをやってあげると依存関係になります。依存を避けるためには、つかず離れずの距離感を保ちながら、でもいつも心配しているよというオーラを出して、何かあったら相談できる信頼関係を築くことが大切だと思います。

　母親は、精神科治療中でした。人付き合いが苦手で外出も好まない人で、子どもと一緒にずっと家の中にいる生活をしていました。子どもを保育園に預けている間も一人で家にこもっていたようです。子どもから手が離れたときのことを考え、長期的にみて少しずつ社会参加の準備をすることを勧めました。子どもが保育園に行っている間、週何回か病院のデイケアに通うことから始めました。また、家にずっといると自分の子育てを母親が反省して悶々とするので、外で過ごす時間を持ってもら

った方が子育ても良い方向に変わってゆくのではないかという期待もありました。このように子育て支援に障がい者の社会参加への支援を組み合わせて行うことで、母親が毎日有意義に過ごせるように支援しています。

4. 小学校以降

小学校に入学すると、学校保健の中で養護教諭が主に生徒の健康面での支援にあたります。学校保健は、公衆衛生看護活動領域の一つであり、保健師免許をもっている養護教諭も多くいます。生徒に精神的不調が生じた場合や、虐待を受けている可能性がある場合などは、家庭の問題が事例化しやすく、養護教諭が介入することは多いでしょう。要保護児童対策地域協議会に養護教諭が参加することもあります。親に何らかの課題がみられ、学校だけで対応が難しいと判断されれば、地域を担当する保健師に支援依頼が入ります。親に支援が必要な場合は、学校だけで対処しようとせず、障害、疾患、サービスの専門家である他機関と連携して対処することが有効です。

家庭の問題が事例化しにくい場合もあります。親に精神疾患があっても、生徒の問題が顕在化していない場合は、周囲が家庭の問題に気づくことが難しいと考えます。その場合は、学級担任や部活の顧問など生徒に日常的に接している教員や、地域の民生委員など家庭を知っている人がキーパーソンになるかもしれません。生徒がなかなか出せないSOSをいかに拾うことができるか手腕の問われる問題です。

> **事例　中学校卒業前の息子を育てる母親・精神科未治療**
> **学校からの依頼で家庭に介入**

中学校をもうすぐ卒業というのに進路が決まっていない男子生徒がいて、進路を見つけたいが、どうすればよいかという珍しい相談が入りました。話を聞くと、その生徒は小学校からほとんど登校せず、家でゲームばかりしており、学校が親にいくら指導しても改善しないということでした。統合失調症を疑っていると言われました。早速、学校で母親と

面談しました。受け応えの様子、生育歴、教育歴などからみて、統合失調症ではないと思いました。統合失調症を思わせる不登校など精神的に不調だった時期がないことや就労しているが単純作業だったことから、知的障害を疑いました。息子は発達障害を疑いました。その後、診断は予想通りとなり、母親に療育手帳をとってもらい、家事サービスを導入しました。ヘルパーに部屋を片付けることなど日常生活のスキルを教えてもらい、親子で学んでもらいました。父親も悩んでいましたが家庭で孤立していました。保健師ではなく、障害担当の男性職員が父親の相談相手になりました。息子は徐々に生活が整い、外に出かけられるようになり、作業所にも通えるようになりました。知的障害の親に「指導」では、全く効果がないのは当然でした。小学校低学年で学校から相談をしてくれていれば、この生徒の人生は変わったと思うと残念でなりません。

5. 今後の支援のあり方

　日本の母子保健支援システムは世界一と言われるほど優れています。それは基本的に全数把握だからです。戸籍が整っているからこそ、また、民間に委託せずに行政が直接サービスを提供しているからこそできるシステムです。しかし、近年、児童虐待の件数が増加し、制度が目まぐるしく変わっています。保健師は虐待ハイリスクケースを見つける役割を担い、虐待ハイリスクを見つけることに翻弄しているように見えます。全数把握のメリットは大きいですが、連絡がとれない家庭に何度も訪問して生活実態を確認している様子を見ると、やりすぎではないか、保健師のすべき仕事は他にあるのではないかと思うことがあります。一方で、精神疾患の親は、自ら支援してほしいと言うことが難しく、また、相談関係を構築することも難しい人が多いです。だからこそ、何も問題がなくても日常的に関わり続けることが大切であり、その相談関係があるからこそ、いざと言う時に介入できるのだとベテラン保健師から聞いたことがあります。現在行っているような支援、つまり、問題を見つけ、育児負担を軽減するといった事後対応では、もはや精神障害者の急増に支援が追いつきません。子どもが大人になった時に健全な家庭を築け

るような予防的支援を展開することが重要です。モグラ叩きの後手に回る支援ではなく、先回りした予防的支援を期待します。

第 2 節 ❖ 児童相談所

ウエムラ カナタ

北海道・東北ブロック児童相談所

　児童相談所は、18歳未満の子どもを対象に、子どもやその保護者から相談を受け、相談援助活動を行っています。児童相談所として精神障がいのある親をもつ子どもにどう向き合い支えていくのかというテーマにおいて、前記された子どもの立場の方々の体験談や事例をもとに支援のあり方について記していきたいと思います。

1. 家庭で暮らす児童への支援

　児童相談所において家庭に介入する方法は2通りあります。①保護者あるいは児童本人からの相談を受けて支援を開始する場合、②学校や警察、その他関係機関からの通告を受けた後に、児童の安全確認を行う場合です。保護者からの相談によって支援につながる場合、そのほとんどは子どもの性格行動相談が主であり、保護者自らが自身の精神疾患によって子どもにどのような影響を及ぼすかという相談を寄せることは少ないです。また、学校や警察等から通告を受けて介入することにより、子どもの発達相談につながる場合や、虐待であることを認定し児童福祉法第33条[4] に基づいて児童を一時保護する場合はあるものの、不適切な養育環境のみを主訴として、児童相談所として児童や世帯への支援を継続することは現実的にはごく少数です。学校等に児童の見守りを依頼し、その後不適切な状況があれば改めて通告を受ける場合もあります。児童の安全確認を行った後に家庭での生活を継続する場

---

4)　児童福祉法第33条において、児童相談所の長は子どもの福祉のために必要と認められる場合、子どもの安全や環境などを把握するために、児童を一時保護することが認められています。

合、保護者の相談を継続する意思や子ども自身が相談する意思がなければ世帯に介入し続けることは難しいのが現実です。

　前記の子どもの立場の体験談において、精神障がいのある親が自身の社会的スティグマ[5] から、親自身の病気を他人に言わないよう親が子どもに指導している場合が多いようです。この時、世帯には保護者や児童の相談意思は生じにくく、結果として実質的な支援には至らないことが多くあります。また、児童本人が家庭の違和感に気付けるまでには、周囲との比較ができるまである程度の社会性の発達が必要であり、その過程の中で親の病気に振り回されることも多いと考えます。精神障がいのある親をもつ子どもの体験の中では、毎日同じ服を着ている、お弁当のおかずが一品のみ、友人関係を制限されているといった、子ども自身が出せるサインとは別に、見た目や持参する物の中に家庭状況を窺わせるサインが発信されていることもあります。こういったサインに主に気付ける機関としては保育園や幼稚園、学校、児童発達支援等の子どもたちが日常生活を送る場が想定されるでしょう。児童相談所においては、そういった関係機関との情報共有可能な関係性づくりは不可欠であり、子どもへの支援の入口となり得るのです。関係機関等から保護者に児童相談所への相談を促してもらう場合や、関係機関等から通告を受ける場合が想定されますが、児童相談所としては子どもたちとのつながりを創出することが求められます。

　一方で、児童相談所につながることなく、また学校や支援者にも家庭内の葛藤を気付いてもらえず、「耐える」という方法で生き延びている子どもたちも相当数存在します。明らかなネグレクトには該当しないものの、放っておくには心配な世帯の子どもの場合の介入は難しいです。学校の先生が異変に気付き、家庭の状況を心配したとしても、子どもが支援を拒否した場合には、支援が行き届きにくいのが現状でしょう。そういった子どもたちにおいては、児童福祉法に定められる要保護児童対策地域協議会などで情報を共有する場合もあります。また、子どもが親の病気を隠したいと思っていると、

---

5)　スティグマとはもともと「烙印」の意。他者によって見られる否定的イメージが社会的に正当化されている状態のことです。

そもそも心配な世帯として問題が現れてこないことも少なくありません。子どもたちが助けてほしい気持ちと隠さなければならないという気持ちの葛藤に、我々支援者はどこまで思いを巡らせられるのだろうかと思案します。

　さて、精神障がいのある親をもつ子どもたちが児童相談所への相談につながった場合、その方法は電話による相談や来所相談等が想定されます。保護者からの相談によって来所につながった場合には、子どもの問題行動の相談等が多いのですが、その際、問題行動の裏側にある世帯全体の問題点にも思いを馳せたいです。私がこれまで担当してきた世帯では、両親世帯で収入もそこそこあり、子どもたちにも発達障害のある家族がいないというケースは稀であり、むしろ家族内の問題が子どもの問題行動として表出されている場合が多いようにも感じられます。しかしながら、子どもの問題行動自体を許容するわけにもいかないのが現実です。精神障がいのある親をもつ子どもの日常生活の整理と、子ども自身の問題行動等への教育を並行して行う必要があると考えます。親子関係にズレが生じている場合、保護者の思いと子どもの捉え方にズレが生じている場合が多いです。児童相談所においては、子どもの声を聴く一方で、保護者の意向を確認することもできることから、両者の思いを聴き取り、翻訳（仲介）する役割も求められます。実際、体験談の中では精神障がいのある親が子どもの活動を制限している場合もあり、それ自体が許容されるわけではないものの、「外に出て我が子に何かあったらどうしよう」「我が子には○○のような人に育って欲しい」という親のもつ教育観や子どもへの思いもあると思われました。そのような親の思いと相容れず、子ども自身の思いが親に届いていない場合もあるでしょう。親の中にある子ども像と子どもの実際の姿が一致していないこともあります。家庭内において、親子のみで両者の思いを整理して伝え合うことは困難と思われ、第三者として世帯に介入することが必要だと考えます。その上で、親子の約束を設定し、家庭内での枠組みを設定し、一定期間の後に再度来所するよう促し、約束が守られているか確認することもあります。

　親と子どもの声を聴き、翻訳（仲介）することに加え、精神障がいのある親をもつ子どもは日常的な体験や親の行動に巻き込まれている場合も多くみられます。親が精神的不調によりイライラしている場合や寝込んでいるとき

に、子どもは自責的になり「お母さんが怒っているのは自分のせいかもしれない」「お母さんが元気ないのは私のせい？」と自身を責めた経験も多いようです。成人した子どもの立場の方々から、小学生や中学生の頃に親の病気について説明を受ける機会が欲しかったという意見も多く聞かれます。児童相談所においては、家庭環境とは違った場や時間の枠組みが保障されることに加え、社会調査によって世帯全体の状況について把握している場合も多く、親の状況について心理教育を通じて客観的に説明できる可能性があると思います。この際、精神障がいのある親と子どもが家庭で生活し続けて行くこと、さらに言えば、子どもにとっては家庭で生きていくことが前提となっていることに留意したいです。子どもが年齢不相応にヤングケアラー[6]として家事を担っている場合もありますが、親の病気を説明されることで、子どもが親を支える役割となり親子の役割が逆転する可能性も否定できません。子ども自身の生活の保障のために親の精神的不調が子どものみに責任があるわけではないことを伝えるには配慮を要すると考えます。

事例　うつ病の母に育てられる小学生と中学生
母親が精神疾患で家庭の環境が悪化

　実母はうつ病を患っており、家事ができず家庭内の衛生状況が悪化。朝の登校のために子どもたちを起床させることや朝ごはんを準備することができなかった。子どもたちは普通学級に在籍しているが、自閉症スペクトラム障害をもっており友人関係を作ることは苦手であり、もともとやや登校渋りがあった。実母が登校を刺激できなくなると、次第に子どもたちは不登校となっていった。また、実母は食事の準備のための買い物に行くこともできず、長女に買い物を全て任せていた。

　中学校教諭が長女の家庭訪問を実施した時に心配な世帯であるとして教頭に相談し、学校から実母へ複数回にわたり面談を通じて指導を行ったが状況が改善しないとして児童相談所が相談を受理。児童相談所では

---

6)　ヤングケアラーとは慢性的な病気や障害を抱える家族の世話をしている子どもや10代の若者のことです。

ネグレクトに該当する可能性があると判断し、家庭訪問を実施し調査を行った。実母は自身の体調不良と子どもたちの養育についても悩んでいると話し、児童相談所の支援を希望。実母からの相談を受理した。継続的な指導の中で児童心理司が長女や長男の悩みを聴き取った上で、実母へフィードバックを実施。また、実母の通院する精神科病院のソーシャルワーカーとも連携し、実母は精神障害者保健福祉手帳を取得。障害者相談事業所での相談も開始し、掃除や料理のヘルパーを導入した。その結果、子どものみで買い物に行くことは減少。朝の登校準備も徐々にできるようになっていった。

このように児童相談所からの支援をきっかけに世帯の支援につながることがあります。

2. 一時保護に至った場合

前述した通り保護者が児童の養育ができない場合、児童福祉法第33条に基づき、児童相談所では児童を一時保護することが可能です。これは児童相談所長が必要と判断した場合に、児童を家庭から離して生活をさせることであり、児童相談所の一時保護所や児童福祉施設、里親、その他児童相談所長が認めた場所において実施されるものです。一時保護所においては朝の起床時間や食事の時間、学習の時間など日課が決まっており、その環境下においてルールを守ることができるか、良好な友人関係を構築できるか等の行動観察が実施されます。児童の生活を見守る大人の数も学校よりも多いため、児童の間でトラブルが生じた場合には即時的な介入も可能です。一時保護に至った場合、普段と異なる環境であるからこそ、普段の人間関係の構築の仕方や学習への取り組み、生活する力の有無が色濃く現れます。親が精神疾患のある子どもの体験談の中にもありましたが、親の精神的不調により、子ども自身の気持ちが受け止められた経験が不足しているために、人との関わり方が極端であることもあります。また、日常生活の中で基本的な生活習慣の経験不足や十分な躾を受けられていない場合は、十分な生活習慣を獲得できて

いないことも見受けられます。一時保護により、児童の安全を確保できる面がある一方で、社会生活から離れた環境に置かれるため、処遇の決定は可及的速やかに行われるのが通常です。

　子どもが親との生活を継続することが困難となり一時保護に至る場合、家庭とは異なる環境であるものの、子どもには朝起きてから寝るまでの正常な生活リズムを身に付けてもらいたいものです。精神障がいのある親をもつ子どもが一時保護された場合、朝起きることや歯みがき、食事、入浴などの場面において、基本的生活習慣が身に付いていない場合も多くみられます。また、不規則な生活をしていることも多く、子どもの活力が損なわれて、結果的に夜型の生活を送っている場合もあります。一時保護所においては、職員の見守りのもと、基本的な生活習慣の指導がなされることに加え、日課に沿った生活となります。そういった生活を続ける中で、生活習慣が身に付き活力が生まれてきます。子ども自身が精神障がいのある親との関係性やこれまでの傷つきの体験を振り返る上で、基礎となる活力を身に付けるために生活リズムは不可欠だと考えます。一時保護の場合には児童心理司が子どもの声を聴くこともよくあります。精神障がいのある親をもつ子どもの中には、基本的信頼の揺らぎが見られ、大人への頼り方が分からないために、適切な距離を保って関わることが苦手な子どもも多いです。通常、乳児期から育まれてきているであろう甘えの方法や愛着関係の構築について課題がある場合もあり、特に幼児〜思春期前の児童においては、愛着の問題が顕在化することも多いようです。幼稚園や保育園、学校、アルバイト先等の社会生活を送る場において、他者と関わる時には実親との安心した関係が基礎となっていることも多く、また子ども自身に発達の偏りがある場合も多く、そこにつまずきのある子どもたちの立ち直りをどのように支えるかは大きな課題だと考えます。

　基本的生活習慣の習得は短期間の一時保護で身に付く場合もありますが、「人との安心した関わり方」については短期間で習得することは難しく、一時保護所退所後にも継続的な支援が求められるものです。一時保護後においては、大まかにわけると、家庭での生活に戻るか、家庭以外の場で生活するかのどちらかになります。その判断においては、親の養育を続ける意思の有

無に加え、子どもが主体的に生活の場を選択できるよう配慮が必要になるでしょう。これまで親のケアを担うことが当たり前となって生活してきた子どもは、親を支えることや親の症状を我慢する他には選択肢のない生活を送っている場合が多いです。家庭での生活を継続することのメリットやデメリット、また家庭から離れた場合に起きる可能性があることについても、丁寧に説明をしたいところです。

> **事例　うつ病の実母と統合失調症の養父に育てられる中学生**
> **病状悪化で養育困難となり施設入所、その後家庭引き取り**

　養父（30代）、実母（30代）、長男（13歳）の3人世帯。養父が統合失調症、実母はうつ病をもっておりそれぞれ通院し服薬治療を受けているものの、度々入院をしている。長男は不登校傾向であり、昼夜逆転の生活をしていた。今回、養父と実母共に精神状態が悪化し、親族活用もできないことから長男の一時保護となった。養父と実母は入院治療し精神状態は改善したものの、長男の養育負担を訴え、施設入所を希望。長男も家庭で生活するより集団生活の中で生活を立て直すことを希望し、施設入所となる。施設入所後、施設職員の丁寧な関わりもあり登校状況は改善。学校でも積極的に友人と関わる場面も増え、対人関係にも自信がついたことがうかがわれた。また、養父、実母とも面会交流を重ね、中学3年時には外泊交流も複数回実施。その間、大きな問題は見られず、高校入学のタイミングで家庭引き取りとなった。

3.　児童相談所からの支援の難しさ

　今回、親に精神疾患のある子どもたちの体験談を読む中で、児童相談所に関わりのあるケースはみられませんでした。これは児童相談所が介入する問題ではないということではなく、むしろ児童相談所が力になれたかもしれないが、支援につながらなかったケースだと捉えたいと思います。親が精神疾患をもっている場合、問題が家族内で留められることが多く、子ども自身もいわゆる「いい子」になりがちなのかもしれません。そうするとまた、家庭

内の問題が現れにくいと考えます。また、親に精神疾患があるからと言って、即座に虐待と捉えることもできなければ、親に精神疾患があるからと言って行政の支援が必要ではない場合もあると思います。親と子の関係で生じる問題は複雑であり、時に絡み合い修復が難しいこともあります。そういった見えにくい問題を振り返り、親子関係の構築に努める時、成人した子どもの立場の方々の語りは大きなヒントを与えてくれると思いました。語りから得るアイデアを基に、子どもに必要な支援を考えていきたいと思っています。

第3節 ❖ 精神科医療

横山恵子

1. 精神科医療と精神障がい者の結婚・出産の現状

　精神疾患により医療機関にかかっている患者数は、近年大幅に増加しています。厚生労働省の平成26年患者調査によると、精神疾患の患者数は392万4千人で、その疾患の内訳は、うつ病、統合失調症、不安障害、認知症の順に多く、近年は、うつ病や認知症の著しい増加がみられます。

　精神障害者施策は、入院医療から在宅ケアへの転換が急速に進められています。精神科病院における入院患者の現状は、高齢化した患者の長期入院と若年層の短期入院という2極化の傾向になります。最近発病した若年患者の入院は短期化し、入院せずに外来医療を受ける患者も増えています。平成26年の入院患者は28.9万人であり、統合失調症が16.4万人と約6割を占めています[7]。

　我が国の精神保健医療福祉は、長期入院を中心に進められてきたため、救急・急性期・在宅などを含む医療体制や、地域における生活を支えるための支援体制の整備が不十分な状況です。さらに、社会の中での精神疾患の理解が進んでいないため、スティグマ（偏見）が生まれやすく、精神障がい者が地域で生活することを困難にしています。このような中で、精神障がい者の6〜8割が家族と同居しており、家族が実質的に患者のケアを担っているのが現状です[8]。

---

7)　厚生労働省　第8回 精神障害者に対する医療の提供を確保するための指針等に関する検討会（平成26年3月28日）http://www.mhlw.go.jp/file/05-Shingikai-12201000-Shakaiengokyokushougaihokenfukushibu-Kikakuka/0000108755_12.pdf

8)　野嶋佐由美：精神障害者とともに生きる家族に対する看護,（坂田三允総編, 精神看護エクスペール⑪）, 精神看護と家族ケア, 2-10, 中山書店, 東京.

日本の精神科病院入院患者の調査[9]では、統合失調症圏の女性入院患者の36％に婚姻関係があり、33％に出産経験がありました。入院時に婚姻関係が継続していた者は約半数であり、離婚率の高さがあります。2003年に入院、外来、施設入所の精神疾患患者の調査では、患者の約半数に結婚歴があったという報告があります[10]。しかし、子育てをする精神障がい者の数は把握されていません。そして、一度医療につながってもその後医療を中断してしまった方や、一度も精神科を受診することのない未治療の方も含めれば、その実数はとても多いと思われます。さらに、統合失調症以外のうつ病や躁うつ病などの感情障害など、他の疾患を含めると、その数は計り知れません。

2. 医療における子どもへの対応

　子どもの立場の方の体験を伺うようになり、医療の役割の大きさ、医療の不適切さが、精神疾患のある当事者、配偶者、子どもなど、家族全体に大きな影響を与えていることを実感しています。親が精神医療を受けていない場合もありますが、精神医療を受けていても、家族への説明は不十分な場合が多く、子どもにいたっては説明どころか、蚊帳の外におかれることが多いです。子どもは親の病気を知らされていないため、親の状況が理解できず、対処方法もわかりません。その結果、病気の親の行動に振り回されて理不尽な親を恨んだり、親の具合の悪さは自分が原因ではないかと罪悪感を抱いたり、誰にも知られてはいけないと、1人で問題を抱え込んでいます。

　医療者は、家族の現状を最も知ることができる立場にあります。患者としての本人への支援とともに、家族支援を行うことが大切です。医療者は、まずは本人に診断名の告知も含め、きちんとした説明に責任を持つことが重要です。そして、診察場面では、家族構成の情報を得て、本人だけでなく、家族の話を聴くことが必要です。時には、本人と家族の主張が違うこともあり

9）　関口典子・中本幸治・渡辺敦司・ほか：精神疾患に罹患する母とその児の関係：統合失調症女性患者の婚姻，育児に関する予備調査，精神神経学雑誌 2007 特別号：S171，2007.
10）　精神障害者社会復帰サービスニーズ等調査 外来調査 平成 15 年
http://www.mhlw.go.jp/shingi/2003/11/s1111-2c.html#mokuji

ます。どちらが正しいと言うのではなく、本人とは別の場で、家族の話にしっかり耳を傾けることが大切です。

1）子どもを含めた家族への疾患教育を行う

　精神科領域においては、1990年以降、統合失調症の発病、再発は患者の持つ精神生物学的脆弱性や環境要因に関連があるとする「脆弱性−ストレスモデル」が提唱されるようになりました。さらに、家族の批判的コメント、情緒的巻き込まれの感情表出（EE：expressed emotion）が患者の再発に影響するという理論を背景にして、統合失調症家族への「心理教育」が行われるようになりました。この「心理教育」は、家族に病気や障害についての正しい知識を提供し、家族の対処技能の向上を図ることで、再発を防止しようとするもので、まだまだ行われている医療機関は多くはありませんが、徐々に増えています。この対象の多くは、親を中心とした家族です。

　こうした疾患の正しい知識やその対処について、子どもの年齢に応じた説明をすることが必要です。今回の体験談を見ますと、親の病気を知らされていない子どもがほとんどです。

　ドイツでは、1970年代より精神障害のある親の子どもに関する研究が始まり、疾患による精神的社会的負荷を減らす方法や家族の関係性を改善する要素を明らかにして、CHIMPS（Children of mentally ill parents）という子どもの支援のプログラムを開発しました。2007年から本格的にプログラムを開始し、2013年にはドイツ連邦教育研究所がCHIMPSの導入を決定し、全国5か所で展開しているそうです。このプログラムの実働を担っているのはクリニックです。精神科に通院する患者は、医師との関係性ができてから、入院患者は、症状が落ち着き、退院が近づくと、患者自身が家族のことを考える余裕ができるため、その時期にこのプログラムを紹介し、子どもの年齢に応じて疾患及び相談先についての説明を行っているとのことです[11]。

　このように、子どもへの疾患の説明の重要性が挙げられています。しかし、病気に関するスティグマから、子どもには話さない方がいいのではないかと

11）田野中恭子・土田幸子・遠藤淑美：ドイツにおける精神に障害のある親をもつ子どもへの支援−CHIMPSに焦点をあてて−，佛教大学保健医療技術学部論集，9，71-83，2015

考える家族、医療者が多いのではないでしょうか。

　わが国でも、NPO 法人「ぷるすあるは」[12] が、統合失調症やうつ病、アルコール依存症など、子どもを対象にした絵本を出版しています。絵本を使いながら、子どもの年齢に応じた説明ができますので、是非活用してほしいと思います。

2) 家族内の人間関係をサポートする

　CHIMPS のプログラムが特徴的なのは、家族内の人間関係を強化することを目標としていることでもあります。親の面談、子ども面談、家族面談の順で行うことで、家族は守られた空間の中で、家族個々の理解、状況に関する受け止め方、将来の気持ちを家族で共有します。特に、両親が子どもたちと精神的な病気について一緒に話すことを重視しています。病気のことを親自身が話すことで、子どもの抱えていた疑問が大幅に解消され、子どもの中で形成されていた罪悪感など、子どもの負担を軽減することに貢献することができます。

　家族の中で、病気をオープンに語り合えることで、病気を乗り越えて家族の絆が強まり、安定した家族の中で、子どもの成長を促進することにつながると考えます。

3) 医療者が家族内外の人間関係をつなぐキーパーソンになる

　親が精神障害をもっていると、親自身が孤立しやすいため、その子どもも社会とつながりにくく孤立しやすい状況にあります。子どもの体験からも、子どもたちは頼れる大人の存在がなく、学校でも地域でも、家族の中でも、1 人で孤独の中にいました。精神障害がもたらす、親の病状による事件や入院、家族関係の崩壊や、両親の離婚など、子どもたちを取り巻く環境は過酷です。その際に、強いつながりを持つ信頼できる大人がいることで、子どもの不安を最小限にとどめることも可能になります。信頼できる大人として、祖父母や隣人、家族の友人がいればいいですが、そうした人物がいない

---

12) NPO 法人ぷるすあるは　https://pulusualuha.or.jp/
　　ブルスアルハ：家族のこころの病気を子どもに伝える絵本　②お母さんは静養中－統合失調症になったの・前編－，ゆまに書房，2013．③ブルスアルハ：家族のこころの病気を子どもに伝える絵本③　お母さんは静養中－統合失調症になったの・後編－，ゆまに書房，2013．

ときには、医療者が率先して担うことが必要であると思います。

　医療者は、成長期の子どもがいる場合には、子どもの状況を観察し、必要に応じて子どもに関わる関係機関との連携を取り、共に成長を見守ることが必要です。医療者はまさに、それができる立場にいるのだと考えます。

　本書に体験談を書いてくれた、ある子どもは、誰からも病気のことを教えてもらえないことに疑問や屈辱を感じていました。

voice　どうして母のビョーキのことについて、今まで誰も教えてくれなかったのか疑問に思うようになりました。例えば、病院に一度お見舞いに行ったこともありましたが、先生や看護師と話した記憶は一切ありません。また、中学生の頃に、母が「娘にこんなことを言われた」ということを担当医に話していたようで、それに対してその関わり方はダメだとか良いとか、母の口から間接的に聞かされたことがありました。「先生がこう言ったから、○○（私の名前）もこうすれば良い」と、ビョーキの本人から言われて、変な気持ちでした。なぜ直接伝えてくれなかったのでしょうか。私は、顔も見たことのない大人に、知らないところで自分の対応を評価されていて、「なんでそんなことされなきゃいけないんだろうか」と感じていました。

voice　私が母の病気とちゃんと向き合えるようになったのは高校生の頃でした。インターネットで統合失調症を知り、「○％に遺伝する」という言葉を見て、私も母のようになるかもしれないと感じたとき、初めて自分の問題として考えました。病気について調べたときに、私たち家族が病気を治すどころか悪化させる対応をしていたことにやっと気がつくことができました。病気を抱えてずっと辛い思いをしながら生きてきて、こんなに愛情をもってくれているのに私は今までなんてひどい娘だったのかと、とても後悔しました。しかし、病気を治したいといっても、なにをどうすればよいのか、最初は何もわかりませんでした。

　子どもの中には、誰も教えてくれない自分の親の精神疾患を学びたいという気持ちで、看護学校に入学した人もいました。

voice 精神疾患とはなんなのか、母を守るためにも自分を守るためにも私自身がもっと知る必要があると思い、看護学校に入りました。

　学校で色々な制度や家族会があることを初めて知り、なんといっても私自身が母に振り回されることが少なくなりました。母に対して「お母さんなのに」と思っていた気持ちを、病気について理解していくことで「病気なのだからしょうがない」と自分の中で消化できるようになってきたことが大きかったのだと思います。

　看護学校に入学した彼女が精神疾患を学ぶことで、家の中の状況が徐々に変わっていきました。父親も疾患を学ぶようになり、母親への対応も柔らかくなります。彼女もまた、まずはできることからやってみようと母親と一緒に一か月間、家の大掃除をするなどしました。その頃から母親の調子も大分良くなってきて、ここ最近はとても落ち着いていると話します。さらに、以前は嫌だと言い続けていた自立支援医療や手帳の申請を、自ら市役所でしたり、夫婦で休みの度に近くに出かけたりするようになりました。周りの母への接し方が変わったために母親も少しずつ良い方向へと変わってきたと言います。精神疾患には環境がとても重要であることを物語っています。

4）相談や受診しやすい地域の医療機関となる

　精神疾患のある親は、受診がなかなかできない現状があります。今回の未受診の親の場合は、子どもが成人して、親を受診させようとしても、なかなか困難でした。病気の親が高齢化し、介護が必要になった時、初めて精神医療につながっていました。病気の親が、医療や支援を受けて、初めて親との関係を取り戻していた。そうした子どもたちは、口をそろえて、「自分のこれまでの対応のまずさに気付いた」「教えてほしかった」と言います。

　ある子どもは、病気を知ることの大切さを述べています。

voice 私自身も母が病気だとは長い間気づきませんでした。学校などで精神病の知識を学ぶ機会があればよかったのにと思います。発症する本人も、発症する以前に病気の知識があれば、「これは病気かもしれない」と早期

に気づくこともできるのではないでしょうか。本人もまわりもなかなか気づかないから病状が悪化してしまう。

　未治療の親たちがもっと早く、精神科医療につながり、診断されていたら、病気の親も子どももももっと楽になっていたであろうと思います。ずっと社会との関係をたって孤独に生きてきた親たちが、支援とつながった時の変化は本当に印象的です。周囲を拒否していたのは病気の症状であり、人とつながることで人間的な生活ができるようになったのだと思います。

　ある子どもは、母親が最期に老人ホームで安寧が得られたと感じていました。

voice 母は無事老人ホームに入所することができました。入所後1年余りで母が突然亡くなってしまいました。でも母がホームに入っていた1年間は周りの人たちから優しく受け入れられ、穏やかに暮らすことができました。統合失調症の部分があまり出なくなったのは、周りに受け入れられた安心感からなのかなとも思いました。一人暮らしの時とは雲泥の差だったと思います。たった1年間でしたが幸せに暮らせたのが本当に良かったと思いました。

　他の子どもも母親が老人ホームに入り、スタッフが適切な対応をしてくれたおかげで心が落ち着いている様子だと感じていました。また、自身もそのような疾患特性に応じた対応の仕方を知りたかったとも話しています。

voice 老人ホームに入って早や3年。他の病気の受診のついでに念願の精神科にもかかることができましたが、軽い妄想は持続しています。治してあげられないのは残念です。20年前に病院に連れて行くことができていたとしても、治るものではなかったのかな、と思います。ホームには、認知症の人が沢山いて職員さんはその対応を勉強して慣れていますので、変なことを言い出してもうまくかわします。私はそんな対応方法を知らなかったものですから、真っ向から「それは違うよ！」と否定してしまってい

ました。ですが、本人にしてみれば、うったえている内容は本当のことだと思っているのですから、まずは話を聞いて受け入れてあげ、心を落ち着かせる、ということが重要だと知りました。まわりが反論することによって本人の症状が悪化するということをもっと昔に知りたかったです。

このように、現在の精神科医療に関わる支援者の果たす役割はあらためて大きいと痛感しています。精神科医療は、本人とともに家族が、これまでの困難は病気が原因だったとはじめて知る場であり、また、医療者と出会う場になります。その際の医療者の対応は、本人だけでなく、本人を取りまく家族の人生にも大きく影響します。

医療者は、最も家族の現状を知ることのできる立場にあります。医療者は本人とその家族背景を把握して、家族支援を始めてください。家族それぞれの話に耳を傾けてください。子どもがいる場合には、是非、子どもと出会う機会を作ってください。そして、子どもの成長発達が順調に進んでいるかどうかを把握するととともに、子どもが安心して相談できる対象となれるように、子どもに声掛けするとともに、その年齢にあった方法で、親の疾患や病状をわかりやすく説明して、子どもが安心できるようにしてほしいと思います。

また、必要に応じて、子どもの保育所や学校などの関係機関と連携しながら、家族間の人間関係をサポートしたり、子どもの健全な成長発達が図れるよう支援してください。最も見過ごされやすい子どもですが、1人の重要な家族として捉えて、家族支援をすることが大切です。

一方で、未受診や医療中断した本人が、何らかの疾患や高齢化による疾患で受診してくることもあります。問題となる疾患の治療だけでなく、精神疾患を心配する大人になった子どもが相談してくる場合もあります。家族の抱える思いを傾聴し、相談にのってください。対応には、精神科との連携が重要となると思いますので、日頃から、精神科などの多機関との連携を密にしていくことが必要だと考えます。

第4節 ✢ 保育園

岡田久実子

埼玉県精神障害者家族会連合会

　私は地元の公立保育園に30年程勤務した経験を持ちます。そして、保育士であると同時に、16年ほど前に長女が統合失調症を発症したことから、精神障がいのある人の親という立場であり、またその長女が結婚をして子育て中ということから、祖母として、精神障がいのある親をもつ子どもへの支援を体験中という立場でもあります。つまり、保育園に勤務していた立場と利用している立場の両方の視点を経験したことになります。このような立場から、精神障がいのある親をもつ子どもたちに保育園で何ができるのかを考えてみたいと思います。

1. 保育園に勤務していた頃に出会った人たち

　これまでに、保育園では、多くの精神障がいのある親とその子どもたちに出会ってきました。親の精神疾患や精神障がいを理由として入園してくる場合と、両親の就労など別の理由で入園し、その後に精神疾患を発症するという場合があります。どちらの場合であっても、精神の課題を抱えた人のいる家庭では、多くの生活上の困難を抱えていることは共通しています。

▶毎朝遅れて登園する母子

　毎朝、他の方々よりも遅れて登園することが多い母子がいました。時々、そのお母さんから話しかけてくるのですが、小さな声でささやくように話をされるので、私も耳をそばだてるように聴き入ることになります。そして、そのお母さんは、話しているうちにどんどん身体が私の方に近づいてきて、顔が触れ合わんばかりの距離で話し続けるという様子でした。いつ

もそのような話し方をするので、少し奇異に感じながらも、頻繁にお話を聴かせていただいた記憶があります。その方の病気について、詳しいことは理解できていませんでしたが、家事や育児を一生懸命にこなそうとするのだけれど、なかなか思うようにできないことや、何事かあった時の子どもさんへの対応が良かったのかどうかをとても悩んでいることは、話の中からも、態度からも伝わってきました。そして、そのことで必要以上に自分自身を責めてしまっているということも…。通り一遍の励ましの言葉などでは、到底、払拭することはできないほどの、深い自責の思いがあることは感じとることができました。2年ほどのお付き合いでしたが、何度もお話をお聴きする中で、私はそのお母さんが笑った顔を見ることはありませんでした。

▶突然に怒りが爆発

あるお母さんは、何もない時には満面の笑顔で登園し、自宅での子どもの様子も楽しそうにお話しされる方でした。それでも、ひとたび、何か気になる出来事に出合うと形相が一変してしまい、烈火のごとく怒り出し、特定の職員に向けて罵詈雑言を浴びせ続ける…ということが何度も繰り返されました。怒り出した原因となることは、冷静に考えればそれほど怒りをもたらす内容ではなかったり、一方的な勘違いであったりしたのですが、こちらからの説明は「言い訳」としか伝わらずに、説明をすればするほど、火に油を注ぐことになってしまう、という大変に苦しい体験もありました。その頃、私はクラス担任を持っていなかったので、お母さんが怒り始めたらすぐに駆けつけて、子どもたちの目の届かないところまで誘導してから、1対1で対応するという役目を引き受けていました。言い訳をせず、否定もせずに、ただただ話しを聴いていくと、だんだんに怒りは収まっていくのですが、「今後、同じようなことを繰り返さないための対策を提示すること」を求められ、対応に苦慮したことを思い出します。この方は、病気という診断や治療は受けていませんでしたが、明らかに情緒が不安定で、本来は治療が必要な方なのであろうと思います。

▶子どもを虐待してしまいそう

　子どもを虐待してしまう…と自ら訴えてくるお母さんとも出会ったこともあります。実際に、ネグレクト状態であるという様子や身体の傷などが発見されたことはなかったですし、その方なりに子育てを頑張っている状態に見えていたのですが、毎日のように、「子どもを可愛いと思えない」「いつか虐待をしてしまうのではないか」「明日にでも虐待をしてしまいそう」という訴えを、毎日毎日、ひたすらに聴き続けました。言葉にすることで自分自身への不安を振り払おうとしているようにみえました。

▶お父さんのお迎え

　別のお母さんは、入園して間もなく、園児の父親であるご主人が精神疾患になり、仕事が続けられなくなってしまったことで、心身共に辛い状況下になってしまったと話されました。仕事と家事と子育てとが、一気に自分の肩にのしかかってくる負担感は半端ではなかっただろうと思います。時折、どうしてもお母さんが迎えに来られない時には、病気のお父さんが子どもを迎えに来るのですが、どう声をかけて良いものやら、子どもを任せてもだいじょうぶだろうかという不安もあるなど、暗中模索の中での対応をしていたことを思い出します。

▶自分はダメな母親

　ある朝、園内を見回っていると、保育室の中でぼんやりと立っているお母さんがいました。「おはようございます。どうかされましたか？」と声をかけると、「○○ちゃんの着替えを持ってくるのを忘れてしまいました…」とおっしゃるので、「保育園のものをお貸しするので、ご心配はいりませんよ」と伝えた途端に、そのお母さんは泣き崩れてしまいました。別室に案内して、じっくりと話をお聴きしました。話の内容は、「子育てに自信がなくなった…自分は本当にダメな母親だ…もう死ぬしかない」というようなことでした。その様子がとても辛そうでしたので、医療機関に受診することを勧めました。家庭児童相談室の担当者とも連絡を取り、いろいろアドバイスを受けながら見守りました。日によって気分の波があるよ

うでしたが、治療を始めると辛さは軽減されたようでした。それでも、ある時に大量服薬をしてしまい入院になりました。退院して挨拶に見えた時に、私に平謝りに謝る姿に驚きました。「一番辛かったのはあなた自身と子どもたちでしょう。私になんて謝る必要ないですよ」と伝えたのですが、言葉の端々から見えてくるのは「保育園の園長は立派な人、自分はダメな母親」というレッテル貼りをしていて、自分を卑下する思考回路が堂々巡りしている様子でした。

▶先生、ごめんなさい

　リストカットをしてしまって、腕にタオルをぐるぐる巻きにして保育園に訪れたお母さんもいました。「先生と、もう絶対にリストカットはしないと約束をしたのに、またやってしまった…先生…ごめんなさい」と泣きながら謝るのです。これから病院に行くというその前に、ご主人に付き添われて、わざわざ私に謝りに来たというのです。「私になんて謝る必要はありませんよ。一番苦しいのはあなた自身なのだから。早く病院に行って処置をしてもらう方が大事ですよ」と伝えて、病院へ送り出しました。ダメだとわかっていても、なかなか止めることができない…その後も、そういう状態がしばらく続きました。

　この他にも、多くの精神的な課題を抱えた人たちと出会ってきました。しかし、保育士として働き始めて10数年間…私の長女が統合失調症を発症するまで、私は精神疾患・精神障がいについての知識は皆無といってよい状態であり、前述のような人たちに対して、特に病気や障がいを意識して関わったということはありませんでした。日頃からの保育の考え方として、子どもたちへの対応がそうであるように、あるがままの目の前のその人を受け止め、ていねいに話しを聴き、その人の気持ちを少しでも理解しようとし、いつでも対応する姿勢でいる…このようなことを心がけていたように思います。決して、いい加減な対応をしてきたわけではありませんし、多くの保育現場では、このようにして、懸命に対応しているというのが現実であろうと思います。

そのように一生懸命な対応をしているのですが、それでも、『病気』という認識や理解に乏しいために、そのような人たちへの対応は「困ったこと」であり、対応が難しいと感じるそのような人たちは、保育園にとって「困った人」、という捉え方をしているのではないでしょうか。私自身も、実は、そのような捉え方をしていたというのが偽らない事実です。精神疾患・精神障がいを正しく理解し、その人たちが抱えている課題を、『病気』『障がい』という枠組みで捉えて対応できていたら、その対応は「当たり前のこと」であり、とても「困っている人」なのだという捉え方ができたのであろうと思いますし、そうあるべきだと考えています。

　精神疾患・精神障がいを抱える人とは、どのような課題を抱える人かということをより具体的に理解していただくために、私が出会った人たちの様子を事実とは少し変えた内容でお伝えしました。子どもの支援を考える時に、その親への理解を深めることは大切な視点であると思うからです。

2. 保育園を利用し始めて経験したこと

　精神障がいのある長女が結婚をして、31歳で女児を出産しました。初めは自分で子育てをするのだと張り切っていたのですが、実際に育児が始まってみると、突然泣き出す我が子への対応や1日何回も繰り返される授乳・おむつ交換・入浴・着替え、それ以外の家事もこなさなければならず、半年も過ぎた頃から、「やっぱり保育園にお願いしたい」と言いだしました。そこで、自宅アパートから一番近い保育園に申し込み、1歳を迎える頃から、子どもを保育園に預けることになりました。

　初めての保育園で、私は孫のことよりも、実はその母親である長女のことが心配でした。長い間保育園で働いていたので、子どもは預けてしまえば先生方が保育をしてくれる、子どもは慣れるまでは泣くだろうが、それは時間が解決してくれるはずだと知っていたからです。でも、長女の場合は、初めての場所や初めてのことへの対処が難しく、不安や緊張が強くなり、「初めての場所に行く」と考えるだけで疲れてしまったりするのです。保育園に持っていくものをそろえるのも大変です。それでも、長女は頑張って、保育園

生活に必要なものを準備して、入園に備えました。頑張っているな…とは思っていたのですが、私の不安は的中しました。明日から保育園に行くという前の晩は、「緊張して眠れない」という携帯メールが1時間おきに届きました。初めて保育園に行った日、長女はひどい寝不足で、相当にぼんやりしていました。保育園に着くと、連絡帳・タオル・ビニール袋・着替え…等など、それぞれ所定の場所に置いたり、入れたりということをしなければなりません。一度や二度では覚えきれない、というのが、その頃の長女の状態でした。そこで、保育園には個人面談をしてもらえるようにお願いをしました。長女も立ち会ってと思いましたが、本人が「疲れるから」というので、私1人で面談をしていただきました。面談の目的は、母親の病気と現在の状態について、知っていただくことでした。園長先生とクラス担任の先生が同席されました。お伝えしたことは、統合失調症という病気についての大まかな説明、現在の長女の状態、と生活ぶり、そして配慮してもらいたいと思うこと等でした。配慮について、具体的にお願いしたことは、

　・話をするときには、なるべくゆっくりした話し方で
　・言葉で伝えても忘れてしまうことがあるので、大事なことは文字に書いて
　・子どもの様子については良いことをたくさん伝えてほしい
　・子どものことで心配なことは、まず祖母に伝えてほしい
　・母親の様子で何か気になることがあれば祖母に連絡を
　・その他、わからないこと、困ったことは些細なことでも祖母に連絡を
このようなことをお願いしたように記憶しています。

　長女は、保育園に通い始めてから1か月くらいは、毎朝、とても緊張していたようです。荷物を整えて、子どもを連れて、歩いて5分もかからない距離を歩いていくのですが、保育園で出会う人たちに挨拶をしなければ…忘れ物はないだろうか…子どもが泣いたらどうしよう…不安なことは考えあげたらきりがなく頭に浮かんできます。その状態で子どもを保育園に託して帰宅すると、それだけで全精力を使い果たしたくらいに疲れてしまうのだと、よく言っていました。私には想像もつかないことですが、身体を動かし、思考を巡らせるということが、精神障がいのある人にとっては相当な重労働に匹

敵するほどの疲労感を与えるようなのです。

　保育園にお願いするようになって半年ほどした頃、子どもの担任から電話が入りました。「ちょっと気になることがあるので保育園に来てもらえないか」ということでしたので、急いで保育園に行くと、「連絡帳」の1ページを見せられました。そこに書かれていたのは、「育児に疲れた」「死を考えることもある」といったような文字でした。担任の先生方は本当に驚かれたようで、「お返事をどう書いたらよいでしょうか？」と聞かれました。私は「死という言葉にとらわれることなく、普通に伝えたいことを書いていただいてだいじょうぶです」と答えました。私には、長女が本当に死のうと思っているというより、「死にたいほど辛い気持だ」と言っているように感じたからです。その日の夜に長女から、連絡帳に「死にたい」と書いてしまったが、先生から「お母さんはよく頑張っている」「子どももよく育っている」等と返事を書いてもらえて、とても安心できたとメールが届きました。この時の出来事に、長女が多くの方に見守られて子育てをしていることを実感し、心からの感謝で一杯になりました。

3.　保育園でできることを考える

　子どもにとって、お父さんやお母さんは、唯一無二の存在です。この世の中で一番安心を与え、愛情を与えてくれ、守ってくれる存在です。そのようなお父さんやお母さんがいてくれる家庭は、子どもにとって世界中のどこよりも安心で安全な場所です。この安心・安全な環境が子どもの成長には不可欠です。しかし、その親が精神疾患・精神障がいのある人であった場合には、その人自身の意思とは無関係に、子どもの安心や安全が脅かされてしまうことが起こりうるのです。その原因となるのは病気や障がいであって、決して、その人が意図的にしているものではありません。子どもにとって、とても良い環境とは思えない生活状況もあるかもしれません。そのような中で生活する子どもたちに、保育園でできることをあげてみます。

①保育園が、子どもにとって安心・安全な場所であるように

　こんなことは保育園なのだから当たり前…と思う方もいるでしょう。でも、

その子にとって安心・安全であるかどうかを、よく考える必要があります。保育士が見守っているのだから安心で安全といえるのでしょうか。その保育士が、その子どもにどうかかわっているか、どのようなまなざしを向けているか、どのような思いで、どのような言葉をかけているか…本当にその子が安心し、安全だという気持ちで過ごせているのかを、常に考えて欲しいと思います。家庭状況によっては、保育園が唯一の安心・安全の場という子どももいるのですから。

②お母さん（お父さん）の良いところ探し

　子どもは、お父さん・お母さんが大好きです。でももしかすると、周りの大人からは、精神の課題のあるその人の問題についてばかり聞かされているのかもしれません。保育園では、「あなたのお母さんのこんなところが素敵だよね」など、親の良いところを見つけて伝えてあげることは、子どもの安心感につながるのではないかと思います。あるいは、「お父さんがね、○○くんが生まれてくれて、とっても嬉しかったって言っていたよ」など、親が子どものことを大切に思っているというメッセージを伝えてあげることも、保育園でできる大切なことではないでしょうか。

③子どもの様子を丁寧に観察するまなざしをもつ

　これは、四六時中、その子を観察するということではありません。その子の性格、生活リズム、喜怒哀楽の表現の仕方、食べ物や様々な生活上の嗜好など、日頃からその子どものことをよくわかっていて、些細な変化に「おや？！」と気づくことができるかどうかです。その都度、大げさに問題視するのではなく、何か変化を感じること、感じたら注意深く見守ります。時には緊急に対応が必要な場合もあるかもしれません。

▶出産後まもない母親に

　２人目の子どもを出産して間もないお母さんが、上の子どもを連れて登園しました。まだ寝たり起きたりの生活でもおかしくない時期です。「無理をされないように」と声をかけると、自営業で忙しく、とても寝ていられないと無表情で答えました。数日後、いつもはうるさいくらいにおしゃべりなその子が、「おはよう」も言いません。おかしいと思い顔を覗き込

むと、目の周りに細かく赤い斑点が無数に散らばっています。その目には、うっすらと涙がにじんでいるように見えました。「どうかしたの?」と聞くと、その子は小さな小さな声で「お母さんが首をしめたの…」と答えました。私は胸のドキドキを押さえて抱きよせながら、「話してくれてありがとう。心配しなくてだいじょうぶだよ」と伝え、すぐに園長に報告しました。園長からお父さんに連絡を入れてもらい、何も知らなかったお父さんはとても驚いたようですが、すぐにお母さんは医療につながりました。

④保育園の事務室も居場所に

これは、私が園長だった頃に実践していたことです。保育園は集団生活の場です。心身共に健康な状態であれば、子どもにとって集団生活は楽しい場所です。でも、どこかが不調な時には集団生活は安心できない場になります。保育室ではない事務室を子どもたちに開放していると、保育室を居心地が悪いと感じた子どもたちが、自然と事務室を訪れてくれます。時には人恋しさに、また、何か伝えたいことがあって…という場合もあります。事務室は基本的には事務仕事をする部屋ですが、静かで落ち着ける場所です。事務室で1対1で話しをするとき、子どもたちは保育室で見せるのとは違った顔を見せてくれます。私はそういう子どもたちを観察したり、いろいろと話をするのが好きでした。そのような空間や時間があると、子どもたちは思いがけずに、深い胸の内を語ってくれたりします。ある子どもは、親が精神科に入院している期間、毎朝、事務室に顔を出すという生活を続けました。何をするわけではないのですが、「おはよう」と声をかけると、「おはよう」と答え、事務室で仕事をする私の周りをぐるりと一周回って保育室に行くのです。まるで何かの儀式のようでしたが、その時のその子には、それが必要だったのだと思います。

⑤保育園だけで抱え込まない

精神障がいを抱えているということは、その状況は様々ですが、医療的なケアがきちんとできているかということも大切な視点です。その人への対応も、時には専門的な知識を必要とする場合もあります。保育園だけで抱え込んで、その親子を「問題のある親子」として対応をしてしまうことは避けなければなりません。子どもへの対応を考えるということは、その親への対応

を考えることでもあります。我が家の場合には、こちらから進んで面談を申し入れましたが、そうでない場合の方が多いかもしれません。そのような時には、その人がつながっている他の機関と連携すると同時に、何か機会を見つけて、ご本人やその家族の話を聴く時間を持つことも、お互いの信頼関係を築くために役立つと思います。どこにもつながれていない人には、必要な支援を探すお手伝いをすることもあるでしょう。そのためには、地域にどのような支援の仕組みや関係機関があるのかを知る必要があります。

　つたない私の経験から考えてきましたが、保育園での支援を考える糸口にしていただければ幸いです。精神的な課題のある親の子どもたちが、精神の課題を持ちながらも自分を産んで育ててくれた親に感謝できる大人に成長できることを願い、そのために保育士の皆さんが力を発揮してくださることを期待します。

第5節 ❖ 学校

上原美子

埼玉県立大学保健医療福祉学部共通教育科

保護者の心身の健康状態が、子どもたちの生活に影響を与えることはいうまでもありません。しかしながら、メンタルヘルスに課題を抱えた親元で暮らす子どもたちの実態や支援ニーズは明らかになっていない現状があります。筆者は、小学校、中学校及び高等学校において養護教諭として子どもの心身の健康課題解決に長年にわたり向き合ってきました。学校内外の関係者はもとより、保護者とも綿密な連携を図り、解決への糸口を見つけ出せたことも経験をしている反面、保護者の協力を得られず、解決困難なケースも少なくないことを実感しています。また、保護者にかかわることは、直接対面しなければ学校側は把握できない現状も課題であると考えます。

1. 学校における児童生徒を取り巻く現状

文部科学省は、平成27年度児童生徒問題行動等生徒指導上の諸問題に関する調査[13]の結果として、小・中学校の長期欠席（不登校等）や不登校の要因を報告しています。長期欠席とは、「年度内に連続又は断続して30日以上欠席した場合をいいます。小・中学校における、長期欠席者は、19万4933人です。このうち、不登校児童生徒数は、12万6009人であり、不登校児童生徒の割合は1.26％にあたります。その理由を①本人の心身の故障等（けがを含む）により、入院、通院、自宅療養等病気のため長期欠席した者、②家計が苦しく教育費が出せない、児童生徒が働いて家計を助けなければならない等の経済的理由で長期欠席した者、③何らかの心理的、情緒的、身体的、

---

13) 文部科学省：「平成27年度児童生徒問題行動等生徒指導上の諸問題に関する調査」2015.

あるいは社会的要因・背景により児童生徒が登校しないあるいは登校したくともできない不登校の状況にある者、④その他の①から③に該当しない理由の者に分類しています。具体例として、保護者の教育に関する考え方、無理解、無関心、家族の介護、家事手伝いなどの家庭の事情により長期欠席をしている者や連絡先が不明なまま長期欠席をしている者があげられます。これらの長期欠席理由には、メンタルヘルス面で課題を抱えた親元で暮らす子どもたちが含まれている可能性も考えられます。近年、都市化、少子高齢化、情報化、国際化などによる社会環境や生活環境の急激な変化から、これらの長期欠席、不登校などの児童生徒を取り巻く状況のほかにも子どもの心身の健康にも大きな影響を与えており、学校生活においても生活習慣の乱れ、いじめ、児童虐待などのメンタルヘルスに関する課題、アレルギー性疾患、性の問題行動や薬物乱用、感染症など、新たな課題が顕在化している[14]と言われています。

　主として、子どもたちを指導や支援を行っているのは学級担任、教科担当教員、部活動顧問等です。しかしながら、先ほど示した課題に対応するためにも、文部科学省は、学校組織について「チームとしての学校」の在り方[15]を示し、現在、配置されている教員に加えて、多様な専門性を持つ職員の配置を進めるとしています。そして、教員と多様な専門性を持つ職員が一つのチームとして、それぞれの専門性を生かして、連携、協働することを推進することが期待されているのです。このように各学校は、学校組織としてチームを組んで、子どもたちの教育活動に努めているところです。とりわけ、保護者の様子は、4月当初に各家庭から提出される「家庭連絡票」などの記載事項により、構成メンバーなど家庭や保護者の状況は把握できますが、保護者の心身の健康状況までは、把握することはむずかしい現状があります。情報共有できる機会としては、小学校入学であれば、幼稚園や保育園と小学校との教員間の連絡会などで申し送り事項として共有できることもあります。

---

14) 文部科学省：「子どもの心身の健康を守り、安全・安心を確保するために学校全体としての取組を進めるための方策について」（中央教育審議会答申）2008.

15) 文部科学省：「チームとしての学校の在り方と今後の改善方策について（答申）」2015.（Accessed Dec. 7, 2016　at w http://ww.mext.go.jp）

しかしながら、多くは、子どもたちの学校生活での状況から教職員等が様々な情報収集の中から気づくことが多いのではないかと考えます。

2. 学校教職員等の役割

　子どもたちの心身の健康に関する情報は健康観察や保健室利用状況から、医学的要因（病気・障がい等の有無）の把握をし、ほかにも心理社会的要因・環境要因（友人関係や家族関係）の把握に努めることが不可欠となります。その結果を踏まえ、校内の組織（保健部、学校保健委員会、教育相談部など）で検討します。該当する子どもたちの支援活動として、①支援方針の検討②支援計画の作成、③支援にかかわる教職員等の役割分担を行います。教職員の他にも以下のような職種が役割を果たしています。

1）学校医・学校歯科医・学校薬剤師

　学校医・学校歯科医・学校薬剤師は、専門的見地から、子どもたちの健康課題の対応への役割を果たしてきました。中央教育審議会答申[16]（平成20年1月）では、従来の役割に加えて、メンタルヘルスやアレルギー性疾患などの子どもの現代的な健康課題についても学校と地域の専門的医療機関とのつなぎ役になるなどの積極的な貢献を求めています。

2）スクールカウンセラー

　心理の専門家として児童生徒へのカウンセリングや困難・ストレスへの対処方法に資する教育プログラムの実施を行うとともに、児童生徒への対応について教職員、保護者への専門的な助言や援助、教職員のカウンセリング能力等の向上を図る研修を行っている専門職です。

3）スクールソーシャルワーカー

　福祉の専門家として、問題を抱える児童生徒等が置かれた環境への働きかけや関係機関等とのネットワークの構築、連携・調整、学校内におけるチーム体制の構築・支援などの役割を果たしています。

16）文部科学省：「子どもの心身の健康を守り、安全・安心を確保するために学校全体としての取組を進めるための方策について」（中央教育審議会答申）2008.

3. 養護教諭の役割及び保健室の位置づけ

　養護教諭は専門職として心身の健康課題解決の中核的な役割を担っています。また、学校教育法施行規則第1条に「学校にはその目的を実現するために必要な校地、校舎、校具、運動場、図書館または図書室、保健室その他の設備を設けなければならない」、学校保健安全法第7条に「学校には、健康診断、健康相談、保健指導、救急処置その他の保健に関する措置を行うため、保健室を設けるものとする」と定められ、子どもたちの保健センター的な役割として、「保健室」の設置が義務づけられています。これまでも「保健室」は、学校生活の中で、子どもたちの評価をしない教室とされ、学級や部活動などの集団から離れることのできる空間の一つでもあります。保健室は学校において特異な空間であり、「保健室はオアシス」と表現されてきました。また、保健室は山頂にある「峠の茶屋」と例えられ、疲れをいやしてそれから先へ進むために重要な役割を果たしている[17]とも言われています。いわゆるその茶屋の店主である養護教諭は、様々な理由で立ち寄るまたは、休んでいる一人一人の思いに寄り添い、対応を見極めているのではないかと考えます。

　次に、学校生活を送っている子どもたちへの対応に着目していきたいと思います。まず養護教諭の専門的コミュニケーションを活かした、子どもに関する情報を集める仕組みづくりが必要でしょう。経験から、子どもたちが家庭のことや家族の話を自分から話すことは少ないと感じてきました。そのため、子どもたちからのサインを見逃さない、または、子どもの伝えたいことを理解することが大切です。それは、子どもたちの気持ちやふるまいや症状から養護教諭として理解したことをその子どもにその内容を伝え、それに基づいて行動を起こすことと考えています。なにより、そのための情報量が多ければ多いほど子どもからのSOSのサインにも気づき、迅速に対応する力量がアップすることが期待できます。

17）田口亜紗：学校保健室の系譜──その空間機能の変遷に関する予備的考察，常民文化：29:1-20, 2006.

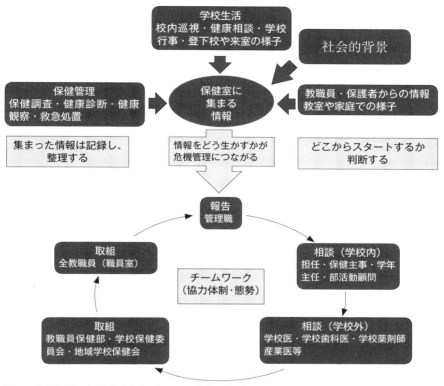

図1　養護教諭の危機管理能力（2017.7 改変　上原）

　子どもの大切な情報を集める仕組み（図1）として、養護教諭は、職としての特質や保健室の機能を十分に生かし、どのように活用するか見極める力（危機管理能力）を発揮しています。その仕組みの工夫点を述べていきます。

①学校生活

●登下校の様子

　登校時のあいさつの様子から子どもたちのサインを見つけることもあります。例えば、教職員が「おはようございます」と声をかけても下を向いて歩いていたり、「おはようございます」の返す声が小さかったりするときは、登校前の家庭での様子や登校時の通学班や一緒に登校した友達との関係にいつもと違うことがあったのかという理解につながることが少なくありま

せん。また、正門の端を歩いていたり、ポケットに手を入れていたりする場合は、教員との距離をとろうとしていることも推察できます。そのため、登校時に気になった場合は、朝の健康観察の確認後、1時間目の休み時間に教室に様子を見に行ったり、学級担任に教室での様子を確認したりします。

　また、放課後、主とした理由が見つからず保健室や相談室に立ち寄ることが続く場合は、学校から下校したくないことが推察できます。その理由として、帰る友達がいない、または、家に帰りたくないなど逃避的な行動であることも考えられます。

◉毎日の校内巡視

　毎朝、各学級担任が健康観察を実施し、保健室に報告された後、校内を歩きながら危険箇所や子どもたちの様子を見ながら校内巡視をすると、一人一人の子どもたちの様子から「いつもと違う」ことに気づくことがあります。たとえば、教室前に掲示してある子どもたちの絵などの作品から情報を得られることもあります。

事例　掲示板の絵をきっかけに見つかった虐待

　小学1年生の教室前の掲示板に飾られている作品に白い画用紙の真ん中に小さく、弱々しい女の人が描かれているA子の絵がありました。よく見ると頭にけがをしており、血が流れていました。とても気になったので、偶然、保健室に友達の引率で来たA子に、「廊下に貼ってある絵は誰を描いたの？」と聞いてみました。「ママだよ」と、それだけ言って保健室を出て行きました。

　その後、経過観察をしていくなかでA子に対する児童虐待が疑われ、管理職が児童相談所へ通告し、A子は保護されることとなりました。のちに、母親も夫からのDV（配偶者間暴力）を受けていたことがわかりました。

　お母さんと一緒に登校はしましたが、教室に入れず乳幼児のように泣いている小学5年生のB子と出会いました。9月からの転入生で初日以降、教室に入ることができないとの情報が教職員間で共有されていました。4人の兄弟は父親に3人、母親に1人と分かれて生活することになったといいます。母親は、ギャンブル依存であることがわかりました。母親からの協力を得られることが期待できない状況でしたが、保護者と本人の希望を踏まえ、学級担任の意向、職員会議での確認を経て、保健室登校が始まりました。その後、学級担任、クラスメートの継続的な働きかけにより教室に戻ることができました。のちに学級委員など積極的に学校生活を行うまでになりました。

●学校行事

　家庭がかかわる学校行事には、遠足や社会科見学、運動会や体育祭などがあります。その時に注視するのはお弁当です。お弁当は、家庭の様子が伝わる情報が詰まっています。当然、朝が忙しい保護者もいますが、お弁当の見栄えだけでなく、お弁当の内容に愛情を感じることもあります。例えば、学校では、校則が守れず注意を受けることが多いC男でしたが、彼の栄養バランスに十分配慮されたお弁当の中味をみたときに、「C男はきっと大丈夫だ」と感じました。養護教諭としての経験によって裏打ちされている「勘」が働いた記憶があります。また、逆のケースもあります。その場合は、継続的な観察や見守りが必要であることにも気づかされます。

●健康相談

　学校保健安全法第8条（健康相談）に「学校においては、児童生徒等の心身の健康に関し、健康相談を行うものとする。」と規定されています。

　学校における健康相談の目的は、児童生徒の心身の健康に関する問題について、児童生徒や保護者等に対して、関係者が連携し相談等を通して問題の解決を図り、学校生活によりよく適応していけるように支援していくことです。健康相談は、児童生徒の発達に即して一緒に心身の健康問題を解決して

いく過程で、自己理解を深め自分自身で解決しようとする人間的な成長につながることから、健康の保持増進だけでなく教育的な意義が大きく、学校教育において重要な役割を担っています。

　具体的には、児童生徒・保護者等からの相談希望、健康観察や保健室での対応等から健康相談が必要と判断された児童生徒に対し、心身の健康問題の背景（問題の本質）にあるものを的確にとらえ、相談等を通して支援することです。また、一対一の相談に限定されるものではなく、関係者の連携のもと教育活動のあらゆる機会を捉えて、健康相談における配慮が生かされるようにします[18]。まさに、子どもたちの「心身の健康問題の背景（問題の本質）にあるものを的確にとらえる」[19]ということからも子どもたちのサインを受けとる機会となることが期待できます。

②保健管理

●保健調査

　家庭の状況、既往歴、健康状況、緊急連絡先などが記載されている保健調査票は、小学校、中学校、高等学校の、全学年で実施しています。家庭からの情報となる保健調査を活用することにより、健康診断がより適切に行われるとともに、診断の際の参考になるなど、円滑に実施することができます。

　また、個人のプライバシーに配慮しながら、子どもたちの家庭や地域における子どもたちの生活の実際を把握することができます。

●健康診断

　子どもたちの保健管理の中核に位置する健康診断は、学校教育法及び学校保健安全法に基づいて計画し、実施されています。学校保健安全法第1条に目的が規定され、学校における児童生徒等の健康の保持増進を図るため、各学校等において6月30日までに実施しなければなりません。学校保健安全法では、第13条（児童生徒等の健康診断）において「学校においては、毎学年定期に、児童生徒等に健康診断を行わなければならない」「学校においては、必要があるときは、臨時に、児童生徒等の健康診断を行うものとする」

---

18)　文部科学省：「教職員のための子どもの健康相談及び保健指導の手引き」2011, p1.
19)　脚注17）と同じ

とされており、第14条では「学校においては、前条の健康診断の結果に基づき、疾病の予防措置を行い、又は治療を指示し、並びに運動及び作業を軽減する等適切な措置をとらなければならない」とされています。

　定期健康診断の検査項目は、学校保健安全法施行規則第6条に示されており、身長や体重、栄養状態、脊柱及び胸郭の疾病及び異常の有無、視力及び聴力、眼の疾病及び異常の有無、耳鼻咽頭疾患及び皮膚の有無、歯及び口腔の疾患及び異常の有無、結核の有無、心臓の疾患及び異常の有無、尿、その他の疾病及び異常の有無が示されています。健康診断の結果は、子どもたちの成長に関わる指標として有効であり、検診や検査の結果を踏まえた迅速な対応に努めています。たとえば、身長に着目してみると、低すぎるあるいは、高すぎると感じた場合は、それまでの身長の測定値の情報を収集し、「成長曲線」を作成し、評価することで、低身長が心配される子どもたちを早期発見できます。そのなかには個人差として、思春期成長促進現象が遅れている場合や病気が原因の場合も考慮する必要があります。

事例　低身長の気づきをきっかけに家庭に介入した

　中学校に着任後、中学2年生女子の低身長が気になり、小学生からの「成長曲線」を作成したところ、小学校4年生から身長（136㎝）が止まっていることがわかりました。また、本人が乳幼児の時の体験（哺乳瓶で牛乳を飲みたい。おしめをしたい。抱っこしてほしい）を養護教諭に求めたため、学級担任と相談し、保護者に面談の意向を伝えると「身長が低くても、手足がついていれば関係ない」と面談の要請には応じませんでした。母親の育児への対応に違和感があったため、父方の祖母と連携を図りました。

●健康観察

　心の健康問題の背景は様々ですが、子どもたちが抱えている問題を把握する上で、子どもと常に身近に接している教職員による健康観察が重要となります。子どもたちの心の健康問題は、「心理社会的要因」と「生物学

的要因」があるとされています[20]。特に「心理社会的要因」は、心理的問題、環境要因、ストレスなどが原因となって生じた症状や疾患を指すとされ、具体的には、虐待、事件・事故、自然災害等による心的外傷後ストレス障害（PTSD）、保護者のアルコール依存等の影響による精神症状、いじめや不適応によるうつ状態などが含まれると考えられます。また、その背景には、複数の要因として、家庭の経済状態、保護者の精神疾患や家庭病理、交友関係、地域性があげられています。このように、子どもの心の健康にかかわる課題は、家庭や地域性に起因するものも含まれるため、登校後の朝の健康観察だけでなく、授業中、休憩時間、給食（昼食）の時間、部活動中、放課後など全教育活動を通じて全教職員で対応にあたる必要があります。

たとえば、以下に子どもからの毎日送られるメッセージとしての健康観察について、学校と家庭における観察ポイントを示します[21]。

・・・・・・ **学校と家庭における健康観察のポイント ［主な観察者］**・・・・・・・・

●**学校における健康観察**

・各教科等に授業中における心身の状況や授業への参加状況等［学級担任、教科担任］

・歩行、立ち上がり、姿勢、運動時の不自然［学級担任、教科担任］

・朝や帰りの会の時間における表情・心身の状況［学級担任］

・休憩時間等における友人関係や過ごし方［全教職員］

・給食（昼食）時間における食事の状況（食べ方、嚙み方、偏食）［学級担任］

・保健来室時の心身の状況、来室頻度等［養護教諭］

・放課後や部活動中の友人関係や心身の状況、参加状況等［全教職員］

・学校行事等における友人関係や心身の状況［全教職員］

●**家庭における健康観察**

・食欲、睡眠（起床・就寝の状況を含む）、排便等の基本的生活習慣に関

---

20) 文部科学省：「教職員のための子どもの健康観察の方法と問題への対応」2009, p20.
21) 日本学校保健会：「児童生徒等の健康診断マニュアル」2015, p18.

わるもの
・家庭における学習、遊びのときの心身の状況
・習癖等（爪かみ、指しゃぶり、チック等）
・身体的特徴（顔色、目、耳、鼻、皮膚等の状況、体温等）
・姿勢、歩き方、運動時の状態等

　健康観察では、欠席が続く場合はもとより、「頭痛」や「腹痛」「気持ちがわるい」などの訴えが続いていたり、遅刻があったりする場合は、継続的な観察が必要となります。

●救急処置
　学校における救急処置は、命にかかわる救命救急の場合を除き、適切な対応でけがや病状の悪化を最小限にくい止め、学習に復帰させることが基本です。登校するとすぐに家庭で起きたことを保健室に報告するために来室する子どもたちも少なくありません。土曜日にけがをしたんだけど湿布が家になかったから」「お母さんが保健室でやってもらいなさいって」と説明を始めることも多く見受けられます。学校で起きたことを中心に対応することが基本とはいえ、家でのけがにも対応している現状があります。なぜなら、そのことによって子どもが不安要素を解消して、安心して教室に復帰できると判断するからです。また、家庭で対応ができない理由に家庭の問題が隠れていることも1つの情報として受け止める必要もあるのです。

4. 子どものサインに気づく大人の存在

　小学校では、主として学級担任がクラスの子どもたちの様子を把握しています。中学校では、教科担任制のため、学級担任、教科担任、部活動顧問なども子どもたちの多くの情報を持っています。また、養護教諭や保健センターとしての保健室はその情報が集まってくる仕組み作りに努めています。その情報を、個人情報に配慮しながら蓄積していくと、子どもたちに起こっている現象がつながり、養護教諭として納得がいくこともあります。保護者に関していえば、国内外の先行研究から、虐待をする親の30〜70％に精神

疾患がみられる[22] という報告もあります。また、子どもたちは、親の精神疾患の説明を十分に聞いていなかったり、その親のことを隠したり、また、自分の親に十分に世話をされないことは自分が悪いと考えている[23] との報告もされています。

　子どもたちの生活の中で多くの時間を共有する教職員は、子どもたちの発するわずかなサインにも気づく目を持つことが不可欠です。子どもたちの直面している現状に気づくことから解決策が見い出せることもあります。それに一翼を担う養護教諭の職務の守備範囲と重なる部分が多い学校保健の位置づけは、一般的には、「文部科学省」が管轄しているという認識がなされている場合が多いでしょう。本来は、「学校保健」は文部科学省行政の枠組みに属するとともに厚生労働省行政の公衆衛生活動の一環を占めているのです[24]。このように文部科学省および厚生労働省の管轄であることを念頭に入れ、関係機関と連携するとともに子どもたちの心身の健康の保持増進に向き合うことが不可欠であると考えます。「学校保健」の位置づけを関係機関及び関係者が理解をし、さきに述べたように、「チームとしての学校」として、情報を集めるなかで子どもの発するサインを受け取った教職員が、スクールカウンセラーやスクールソーシャルワーカーなどの学校内外の関係者や関係機関と綿密に連携を図ることにより精神疾患のある親の対応に困難感を感じている子どもの声にも気づくこともできるでしょう。また、資源にも目を向ける必要があります。地域社会の主な関係機関として、教育センター、教育委員会所管の機関、児童相談所、児童相談センター、児童家庭支援センター、精神保健福祉センター、保健所、保健センターなど関係機関につなぐことも可能となるのではないかと考えています。なにより、学校に勤務する教職員は、全児童生徒のなかにも精神疾患のある親の対応に困難感を感じている子どもたちがいることも念頭に入れながら、日々の教育活動を行うことが求められています。そして、対応が必要な場合は迅速に関係機関との連携を図り、

22）　吉田敬子，長尾圭造：養育者に精神疾患がみられる場合の虐待事例への支援──支援スタッフに潜む問題と周産期からの予防　2008.
23）　土田幸子：心の病を持つ親と生活する子たちの心情と支援，教育と医学 63（8）55-61, 2015.
24）　津村智惠子，上野昌江：公衆衛生看護学，中央法規，2-20, 2012.

全ての子どもたちが生き生きと学校生活を送るための環境づくりに努めることが責務であると考えます。

第6節 ❖ 生活保護

長谷部慶章

神奈川県厚木児童相談所
（前 神奈川県保健福祉局生活援護課）

1. 子どもの貧困と生活保護

　子ども（18歳未満の者）の貧困率が過去最悪を更新――こんな新聞記事の見出しが目に飛び込んできます。日本の子どもの貧困率は、最新の調査（平成24年）で16.3％（図1）、子どもの6人に1人が貧困といわれる状況にあるとされています。平成3年では12.8％だったことから、この20年ほどで割合が3割ほど増えています。

　子どもの貧困率は、子ども全体に占める、等価可処分所得[25]が貧困線（平成24年の場合は約122万円）に満たない子どもの割合です。ひとり親家庭の貧困率は、さらに深刻で54.6％となっており、2人に1人が貧困と言われる状況で暮らしているという衝撃的な数字です。

　貧困の問題を考えるとき、所得の低い層が多くなっているというだけでなく、その格差がどれほど大きいのかという視点が必要になります。ユニセフ[26]によれば、わが国の所得階層の下位10％（最貧困層）に位置する子どもの世帯所得は、所得階層の真ん中（標準的な層）の子どもの世帯所得の4割に満たないと報告されています。そしてこの格差は、先進41か国の中で34位、格差が大きいほうから8番目となっていて、日本は底辺の子どもの格差が大きい国の一つになっていると指摘されています。

　ひとり親家庭に支給される児童扶養手当受給者を対象とした調査[27]では、

---

25) 等価可処分所得とは、世帯の可処分所得（収入から税金・社会保険料等を除いたいわゆる手取り収入）を世帯人員の平方根で割って調整した所得

26) 阿部彩：日本の子どもの格差の状況，イノチェンティレポートカード13　子どもたちのための公平性――先進諸国における子どもたちの幸福度の格差に関する順位表，日本ユニセフ協会，2016.

27) 神奈川県県民局子ども家庭課：「神奈川県ひとり親家庭アンケート」，2015.

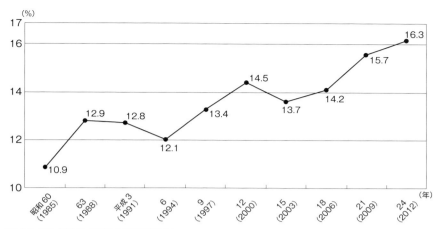

(%)

(出典）厚生労働省「国民生活基礎調査」
（注）1　平成6年の数値は兵庫県を除いたもの。
　　　2　子どもは18歳未満の者。

図1　子どもの貧困率

「公共料金の支払いができなかった、滞った」との回答が27.6％ありました。また、「過去1年間に経済的理由のためにできなかったことや見合わせたこと」という問いに対し、「家族での外食（47.5％）」「家族での余暇の外出（63.6％）」と回答しています。貧困は、単に「お金」がないというだけではなく、例えば、子どもが家庭で育むはずの情緒的な交流の機会、あるいは地域社会での活動の機会が制限されるなど、様々な面で子どもたちの生活に影響を及ぼす可能性があります。

　さて、私たちが貧困に陥ったとき、利用できる社会保障制度はあるでしょうか。病気やケガで働けない、働いても収入が少ない、失業した、解雇されたなど、困難な状況に遭遇したとき、親族からの援助、雇用保険や健康保険、各種年金の給付、貯金や資産などがあれば、その状況を脱することができるかもしれません。しかし、そのような条件が備わっていない場合、あるいは不足するため最低限度の生活を維持できないとき、利用できるのが生活保護制度です。地域や世帯の状況などによって決められる「最低生活費」より「収入」が少ない場合、その不足する部分を、金銭や現物により給付すること、これが基本的な生活保護の枠組みです。

表1　生活保護を受給している子どものいる世帯の障害・傷病の状況

		合計	障害・傷病あり	障害			アルコール依存症	傷病		障害・傷病なし
				精神障害	知的障害	身体障害		精神病	その他	
世帯主	人数	157,031	46,247	5,346	1,097	4,510	360	18,063	16,871	110,784
	割合	100.0%	29.5%	3.4%	0.7%	2.9%	0.2%	11.5%	10.7%	70.5%
18歳以下の世帯員	人数	278,141	18,060	1,042	6,638	2,366		1,299	6.715	260,081
	割合	100.0%	6.5%	0.4%	2.4%	0.9%		0.5%	2.4%	93.5%

※18歳以下の世帯員がいる世帯
出典は以下のホームページ：
http://www.mhlw.go.jp/file/05-Shingikai-12601000-Seisakutoukatsukan-Sanjikanshitsu_Shakaihoshou/kijun02_2.pdf
社会保障審議会生活保護基準部会（第25回）平成28年10月7日（金）資料1　子どもの貧困対策も踏まえた有子世帯の扶助・加算の検証

　生活保護受給者は、雇用環境の格差拡大、人口構造の高齢化の影響などを受けて増加しています。平成28年7月時点で、生活保護受給者は、214万5000人、生活保護受給世帯は163万4000世帯となっています[28]。戦後混乱期の生活保護受給者数を上回り、伸び率は鈍化しているものの、現在もその傾向は変わっていません。保護率は約1.7%、日本に住む人の約60人に1人が生活保護を受給していることになります。

　また、生活保護を受給している子どものいる世帯は15万7000世帯、うち11万9000世帯（76.1%）がひとり親世帯です。表1は、生活保護を受給している子どものいる世帯の障害・傷病の状況[29]です。世帯主をみると、29.5%は何らかの障がいや傷病を有しており、うち約半数（15.1%）は精神障がい、アルコール依存症、精神病となっています。生活保護を受給している子どものいる世帯の親が、精神障がいあるいは精神疾患のある割合が少なくないことが分かります。

28）厚生労働省：「被保護者調査（平成28年7月分概数）結果」，2016.
29）厚生労働省：「第25回社会保障審議会生活保護基準部会資料」，2016.

図2　生活保護における3つの自立の関係性
出典：脚注30

2. 福祉事務所とケースワーカー

　生活保護法やその他の社会福祉各法の業務を行う「福祉事務所」は、社会福祉法という法律によって規定されています。福祉事務所には、社会福祉法により所長のほか、査察指導員、現業員などを配置することになっています。この現業員は一般的に「ケースワーカー」と呼ばれています。なお、本節において「福祉事務所」は、生活保護部門の福祉事務所、「ケースワーカー」は、生活保護を担当する現業員を指します。

　ケースワーカーは、単に経済的な保障を行うばかりでなく、生活保護受給者の生活の安定をめざした、さまざまな相談援助、自立支援を一体的に行っています。図2[30]は、生活保護制度における自立の概念を示しています。経済的自立に留まらず、自分で自分の健康や生活の管理を行うなどの日常生活自立、社会的なつながりを回復・維持するなどの社会生活自立、この3つの自立の考え方により、1人ひとりの状況に即して、自立を多面的にとらえることが必要になります。そのため、ケースワーカーには、生活保護から脱却

30）　新保美香：生活保護実践講座　自立支援とは何か，生活と福祉平成27年11月号，全国社会福祉協議会，2015.

するための就労支援だけではなく、例えば、精神障がいのある方に対しては、必要なサービス利用の調整、適切な受診勧奨、障害年金の受給支援、日常生活における家計管理支援など、専門的かつ幅広い支援の展開が求められています。

3．生活保護世帯の子どもたちとその支援

前述したように、生活保護を受給している子どものいる世帯において、その親が精神障がいや精神疾患のある割合が少なくない状況がわかりました。このような世帯において、子どもたちはどのような暮らしをしているのでしょうか。事例を紹介します。なお、これらの事例は、プライバシーに配慮して一部を修正しています。

> **事例　統合失調症の母とアルコール問題のある父と暮らす小学生の女子**
> **民生委員の連絡をきっかけに関係機関と連携した支援が開始**

●世帯の状況

猛暑の続く夏のある日、ガスなどライフラインが止まり心配な世帯があると、地区の民生委員[31]から連絡が入り、担当のケースワーカーが家庭訪問を行った。

家に着くと、世帯主のA男さん（48歳）が居間に出迎えてくれた。居間や台所などは乱雑にゴミがあふれていて、そこから異臭が漂った。A男さんは2年前に失業、仕事を探すも採用されず、時折舞い込む日雇い労働で収入（月数万円程度）を得て暮らしていた。「いろいろ、うまくいかない」「飲まなきゃやってられない」「これしか息抜きはない」と飲酒に頼る生活ぶりを語った。浴室の床と湯船には、ビールやチューハイの空き缶が、ゴミに出されず積みあげられていた。

A男さんには、妻のB子さん（35歳）がいて、二人の間には小学4

31）民生委員とは、厚生労働大臣から委嘱され、それぞれの地域において、常に住民の立場に立って相談に応じ、必要な援助を行い、社会福祉の増進に努める方々です。（厚生労働省ホームページ：民生委員・児童委員について）

196

年生の長女C子さん（10歳）がいた。C子さんは最近、学校を休むことが多いという。ケースワーカーは、C子さんが学校を休みがちな理由を、父であるA男さんに問うも「子どものことまで考えてやる心の余裕はない」と話す。A男さんの返答は、何ごとにも投げやりな態度が目立った。

　次に、ケースワーカーが、妻のB子さんの話も聞かせてほしいと、A男さんに伝えると、ケースワーカーを寝室に連れて行った。B子さんは、寝室で布団を被って、両耳を塞ぎ、うずくまっていた。ほぼ一日中、このような状態で、たまに起き上がり何かを叫ぶ、精神科病院に連れて行こうと思うも、どうしていいか分からないとA男さん。3年前、同居していたB子さんの母が亡くなった頃から、様子が変わっていったと話す。

　居間に戻り、これまでの生活の様子などをケースワーカーがA男さんから聞いていると、C子さんが小学校から帰ってきた。ケースワーカーが挨拶すると、C子さんは、はにかみながら「こんにちは」と返す。小学生らしいピンクの洋服を着ているが、うす汚れていて、スニーカーが傷んでいる。かすかに臭いもする。

　浴室がゴミで埋め尽くされているため、C子さんに聞くと数か月は風呂に入っていない、台所の湯沸かし器で洗ったりしていると答える。食事も、カップラーメンなどを作って食べているなどと笑いながら元気そうに答える。ケースワーカーが何か困っていることはないか尋ねると「大丈夫」「お母さんが心配」、学校を休みがちな理由については「お腹が痛いときがある」と話す。深刻な内容であるはずなのに、C子さんは笑顔でしっかりと受け答えをする。

　A男さんとケースワーカーが、今後の生活について話し合い、A男さんが生活の立て直しのため生活保護の申請意思を固め、その日の訪問は終了した。

●ケースワーカーの支援

　この世帯に対して、ケースワーカーは、まず、保健所の精神保健福祉担当職員と一緒に家庭訪問し、B子さんの様子を確認してもらった。統

合失調症の可能性があるとして、精神科病院への入院治療につながった。

また、地域の民生委員さんに協力を仰ぎ、Ａ男さんやＣ子さんと一緒に部屋の片付けを行い、生活環境の改善を図った。同時に、民生委員さんや児童委員[32]さんが、この世帯のサポーターになれるよう、定期的に様子を見に行き生活状況を確認するよう提案した。

Ａ男さんが、生活保護費をアルコールに消費してしまうことなく、ライフラインを確保できるよう、ケースワーカーはＡ男さん自身で簡単な家計簿をつけるよう助言し、定期的にその状況を確認することとした。さらに、Ａ男さんから同意をもらった上で、福祉事務所とＣ子さんの通う小学校が連絡をとり、情報を共有することとした。

この事例をみると、親は精神的な疾病等を抱え、親族や地域社会から孤立し、専門的な社会資源（保健所や学校、児童相談所）とのつながりもない状況にありました。子どももまた社会とのつながりが希薄となりつつあり、非常に厳しい生活環境の中でも、過剰適応している様子が伺えました。そして、子どもが親の生活ぶりを心配し、家事や親の世話など、家庭での役割分担を果たしていると感じられました。

子どもは大人のように助けを求めることができません。福祉事務所が意識的に、子どもに対する関わりの視点をもっていないと、課題を見落としてしまうことになります。とくに、学校を含めた地域社会から孤立し、適切なサポートのない子どもがいる場合、関係機関とも連携した上で、福祉事務所としてのアプローチを探ることが求められます。

事例　双極性障害の母と暮らす高校生の男子
高校卒業に意欲的でない子が学習支援によって将来を見据える

●世帯の状況

生活保護受給中の母子２人世帯。母Ｄ子さん（38歳）、長男Ｅ男さ

---

32) 児童委員は、地域の子どもたちが元気に安心して暮らせるように、子どもたちを見守り、子育ての不安や妊娠中の心配ごとなどの相談・支援等を行います。（厚生労働省ホームページ：民生委員・児童委員について）

ん（17歳）。D子さんは双極性障害と診断されているが、月1回クリニックに通院しており就労はしていない。過去に自殺企図が数回ある。E男さんは高校2年生。E男さんの高校生活の状況確認と進路選択について本人と話し合うため、ケースワーカーが家庭訪問を行った。

　ケースワーカーがE男さんに高校の単位取得状況を確認すると、本来取得するはずの単位数には遠く及ばず、すでに3年間での卒業は難しそうな状況だった。E男さんは、「俺が家にいないとダメっす」「またリストカットされても困るし」と無表情で語った。精神的に安定しないD子さんに代わり、家事全般を一手に引き受けていたし、母子の関係性も密着していた。そのため、E男さんは高校を欠席することも多くなっていた。ケースワーカーが高校を卒業することの意味をE男さんに伝えるが、「どうせ高校出たって変わんないよ」と言い、通学に対するモチベーションも低いままで、その日の訪問は終了した。

◉ケースワーカーの支援

　ケースワーカーは、E男さんに対して、福祉事務所で週1回実施している学習支援に誘った。何度も声をかけても参加しなかったが、2か月ほどたったある日、突然やってきた。その中で、E男さんは、中学時代あまり学校に行かず、勉強が全然わからないこと、将来何をしていいか分からないことなどを大学生のボランティアに語った。

　その後も、毎回ではないが、学習支援に参加するようになり、気に入った大学生と色々話すようになり、将来は「モノを作る仕事に就きたい」という理由から、工業大学に進学したいと目標を話すようになり、高校へも少しずつ通学できるようになった。

　子どもに対して依存的であった母D子さんも、E男さんの生活ぶりや変化を感じる中で「私もしっかりしなきゃ」と話すようになった。

　この事例では、家庭環境と学力の問題から高校に定着できず、母子ともに密着した関係性で完結している様子が伺えました。

　生活保護に至る前の段階での自立を支援する生活困窮者自立支援制度が平成27年4月からスタートし、福祉事務所設置自治体は、生活に困窮した方

に対して、総合的な相談窓口を設置するとともに、地域の実情に即したサービスを提供することとされています。生活困窮者自立支援制度のメニューの中に、子どもの学習支援事業があります。この事業は、事例のように、学力に不安を感じ学校や地域から孤立した子どもたちにとって、存在を認められる居場所となるもので、貧困の連鎖の防止に向けて充実が期待されるものです。

E男さんの場合は、不登校経験から対人関係や学力に対して不安を感じていましたが、固定化されたボランティアの大学生とのかかわりの中で、少しずつ自分を語ることができるようになっていきました。また、生活保護受給世帯の子どもたちは、家族の中で「モデルとなる大人」が存在せず、自らの将来像を描くことができない状況は少なくありません。E男さんも、初めて「大学」に通う大人に接し、大学生が語る将来の夢や勉強の意味などに大きな刺激を受けて変化していったものと考えられます。

4. 福祉事務所における子ども支援のあり方

子どもの貧困の連鎖を絶つことを目的に、平成25年に「子どもの貧困対策推進法」が議員立法で成立しました。法令の名前に「貧困」が用いられたのは、この法律が初めてとなります。この法律は、国には、教育や保護者の就労、経済支援などを総合的に進める大綱の策定を、地方自治体には地域の実情に応じた施策を展開することを求めています。そして、「子どもの将来が生まれ育った環境によって左右されることのないよう、必要な環境整備と教育の機会均等を図る」ことを目的としています。将来の担い手である子どもたちに対して、福祉事務所が、ケースワーカーがどう後押しできるのかが問われています。

しかし、ケースワーカーは様々な課題を抱えた世帯を担当しており、担当数が100世帯を超えていることも珍しくありません。そのため、必要な支援がしたくてもやりきれないという問題も出てきます。

福祉事務所における子ども支援に着目した取り組みとして、神奈川県では、平成22年度から、県が所管する町村部の福祉事務所に、生活保護制度と子

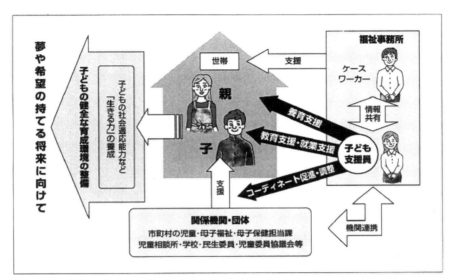

図3　福祉事務所における子どもの支援のイメージ
出典：脚注 33

育て支援について専門的知識をもつ「子ども支援員」を配置しています[33]。
図3は、福祉事務所における子ども支援のイメージです。子ども支援員は、
世帯の自立支援について、子どもの健全育成の視点から支援に携わります。

　ケースワーカーは最低生活の保障の給付決定を行うとともに、世帯全体の
自立助長に向けた相談援助を行っていますが、そのうち子どもに係る部分に
ついては、子ども支援員が重層的に関わることになります。これにより、世
帯の自立だけでなく、子ども個人の自立を見据えて、これまでより丁寧に子
どもに対する支援を展開することができるようになっています。

　最後に、生活保護受給世帯のお母さんの声を載せます[34]。

voice　精神科には通院していますが、育児のことで不安定になることも多
　く、その都度、息子たちに心配をかけていました。そんな時、福祉事務所

---

33)　神奈川県保健福祉局生活援護課：「子どもの健全育成プログラム策定推進モデル事業報告書」，
　　2014.
34)　33 と同じ

のケースワーカーさんが子ども支援員さんと訪問され、初めてお会いしました。それからは、手紙や電話で声をかけ続けてくれました。私がすごく不安定になり「家に来てくれませんか」とお願いしたとき、子ども支援員さんは、その日のうちに来てくれて励ましてくれました。息子たちにも直接会って声をかけてくれています。見守ってくれている方がいることが、私たち家族の心の安定剤になっています。息子たちは受験に向けて頑張ってくれています。その姿が私の生きる力になっています。（高校3年と中学3年の母）

　ケースワーカーは、子どもと家族の状況を理解し、子どもが健康で自分らしく成長していくための環境を整える支援を行うことができる大切な存在です。ともすると、子どもの状況は親を通じて把握することになりがちですが、本来は、子どもたち一人ひとりが、ケースワーカーが関わるべき支援の対象者[35]です。福祉事務所における子ども支援に当たっては、まずケースワーカーが子どもの声を直接会ってきくところからはじめたいと思います。とくに、精神障がいのある親と生活している子どもの場合、自己肯定感が低くなっていたり、他者との関係において孤立している場合もあります。一度声をかけて上手くいかずとも、諦めずに、子どもの心の声をきく姿勢を持ち続けることが大切です。

35）新保美香：生活保護実践講座　子どものいる世帯への支援を考える，生活と福祉　平成28年1月号，全国社会福祉協議会，2016.

終章
これからの展望

これまで、精神障がいのある親に育てられた子どもの体験とその整理、そして、関係機関による支援の現状と課題を述べてきました。終章では、子どもの支援について、幼少期から学童期の小さい子どもたちと、大人になった子どもたちの2つに分け、今後の展望を述べたいと思います。最後に、本書で体験談を書いた大人になった子どもたちを中心としたグループによる、新たな活動展開と今後の展望を述べることにします。

横山恵子

1．小さい子どもたちへの支援

　子どもたちへの支援に関しては、乳幼児期は市町村の行う母子保健支援システムがあります。行政保健師が出産後に全数把握して訪問し、3・4か月児健診、1歳6か月児健診、3歳児健診などの集団健診を行うなど、行政が直接サービスを提供し、子どもの発育と発達の確認とともに、親の育児の悩みも把握され、親子への支援の必要性を判断しています。しかし、精神疾患の親の場合は、自ら支援してほしいと伝えることが難しいため、このシステムから抜け落ちてしまうことも多いのです。

　小学校に入学すると、行政の母子保健支援システムは終了し、学校からの支援へと移行します。しかし、学校の先生は授業準備や生徒指導などの日々の業務に追われて、子どもが何かしらの問題行動を起こして顕在化しない限りは支援がなされにくい現状にあります。

　医療機関もまた、患者の治療やケアが中心ですので、家族への支援はほとんどなされていないのが現状です。特に家族という枠組みの中に、子どもという認識はありません。ですから、小さな子どもがいても、気遣われることはないのです。病気について説明されることも、支援されることもありません。また、親が福祉サービスを受けていても、その支援者が子どもにまで支援を届けられていないのが現状です。子どもは、「忘れ去られた存在」と言えます。わが国の支援はまだまだ乏しいのです。

　海外に目を向けると、欧米では以前から子どもへの支援の必要性が認識され、様々な取り組みが進んでいます。子どもの中で精神疾患を患う親をもつ子どもの割合は、オーストラリアでは23.3％、ドイツでは13〜19％いると推測されています。残念ながら日本では精神障がいのある子どもの数に関する調査報告はありませんが、子どもの数は少なくないということがわかります。

　イギリスでは、「メリデン・ファミリー・プログラム（メリデン版訪問家族

支援）」という家族心理教育があります。これは、トレーニングを受けた専門職が家庭訪問し、家族それぞれの話を聴き、問題をスタッフと一緒に解決していくものです。必要に応じて病気や治療について説明、家族間のコミュニケーションンの支援、家族会議の支援、再発危機のサインの確認なども行われます。

ドイツでは、CHIMPS と呼ばれる家族支援プログラムがあり、子どもたちを「忘れられたリスクグループ」と呼んで支援しています。具体的には、クリニックが中心となって、①親面談、②子ども面談、③家族面談（家族全員が障害に伴う問題への対応方法や活用できる支援についての話し合い）を行います。多くの親は精神疾患に関する恥や罪の感情が大きく、子どもたちをこのプログラムに紹介することをとても辛く感じるので、CHIMPS では、まず両親と面談することでスタッフと親との信頼関係を作ります。そうすることで、子どもたちの親を裏切るのではないかという葛藤を減らして面談できるといいます。また、家族にどういう支援が受けられるかの情報提供をするだけでなく、この家族に何が必要なのかをマッチングし、支援機関につなぎます。支援を通して、親の負担を軽減することは、子どもの負担を軽減することにつながると考えられてています。

こうした、イギリスやドイツの先行的な取り組みは、我が国の今後の方向性を示すものであると考えます。わが国の現状の中でも、以下のような支援ができると思います。

①　精神疾患のある親だけでなく、家族全体に寄り添う支援

子どもたちのほとんどは、自分から声をあげることはしません。病気の親だけでなく、子どもを含めた家族全体に目を向けて支援していく必要があります。家族に丁寧に寄り添う関わりの中で、子どもは次第に信頼し、他者に心を打ち明けるようになるでしょう。

家族関係の崩壊や離婚を予防することは大切です。病気の発病によって困難を抱える配偶者を支えることは、子どもたちの支援につながります。配偶者の思いにしっかりと寄り添い、配偶者が必要とする情報提供や実質的な支援を行うことが重要です。

② 親の病気を子どもが理解できるようにする

子どもに親の疾患を伝えることが重要です。子どもの体験から、子どもは親の病状に巻き込まれ、不安や恐怖の体験をしていることがわかりました。時には、親の病気を自分の責任だと思う子どももいます。子どもの発達段階に合わせて、わかりやすく伝える必要があります。その際に気を付けなければならないのは、家族の中にあるスティグマです。支援者は、その気持ちにも配慮することが必要です。

③ 支援機関の連携による、子どもが安心できる環境作りを行う

精神障がいのある親に育てられた子どもの中には、子どもであるにもかかわらず、親の相談相手になったり、家事を行うといった、ケアラーとしての役割を担うことが珍しくありません。子どもが子どもらしく生活できるように、親の育児負担を軽減するなど、親自身の生活のサポートが必要です。医療に安定的につながることはもちろんですが、必要に応じて、訪問看護やホームヘルプサービスを活用するなど、就学前には、保育園への入所も、親の育児負担の軽減や相談相手になることができます。学校では、親の医療機関や福祉サービスとも連携しながら、家族全体に配慮しながら、子どもがのびのびと生活できるようにしてもらいたいと思います。

貧困への対策も重要です。親の病気のために、離婚したり、失職したりして、貧困に陥ることも多いです。子どもたちの進学など、未来への希望が閉ざされないよう、進学への学習支援や授業料の補助、生活保護の受給なども含めて、支援者が情報を共有し、いつでも相談できる体制を作ることが必要です。

2. 大人になった子どもたちへの支援

子どもたちは大人になっても孤立して、社会から隠されています。子どもの立場の家族のグループの中で、仲間とつながり、体験を語り合うことで、大人になった子どもたち自身の回復を図ることが必要です。そのためのツールとして、「家族による家族学習会（以下、家族学習会）」の活用は有効だと考えました。家族学習会とは、統合失調症の家族を対象に、同じ立場にある精

神障がい者家族会の会員がテキストを用いて、病気や障害の正しい知識を提供し、家族自身の体験的知識を共有する小グループで行う体系的なプログラムです。

　子どもの立場の家族学習会を2015（平成27）年から始めました。2015年には6人の担当者（プログラムの運営・進行役）が、5人の参加者（プログラム参加者）に、初めて家族学習会を実施しました。翌年の2016年には、参加者のうちの2人が担当者になり、7人で11人の参加者に対して2グループで、家族学習会を実施しました。

　家族学習会は、担当者も参加者も同時にエンパワメントされ、元気になるプログラムです。参加者の振り返りでは、「過去の日々、自分の思いを振り返る機会になった」「抑えていた感情があふれた」「親に対して違う見方、いい面の発見ができた」「これからは自分のことを考えたい」「楽になった。最近穏やかな顔をしていると言われる」「親の障がいを受容する入口に立てたと思う」と感想を述べていました。

　担当者は、これまでの自分では考えられない活動だと言います。また、参加者が回を重ねるごとに元気になる姿を目の当たりにして、参加者の変化が嬉しく感じます。自分の体験が役立つことで、自信を回復していきます。担当者も、「一番辛かったことを思い出し、涙が出て、すっきりした。自分の感情が出せるようになった」と話しました。さらに、「子どもの立場同士で話せる場が必要」「人の良い所を見ようとする意識に変化」「これからも自分のできる事をしたい」「子どもに関わる人たちに、体験を知ってもらうことで、社会を変える力になる」と話しました。

　2017年7月からは、精神疾患のある親に育てられた子どもの集いを開始しました。家族学習会は小グループで5回1クールの開催ということで参加できる人は限られてしまいます。家族学習会の担当者としてグループ進行に慣れてきたこともあり、定期的なミーティングを開催することになりました。誰にも悩みを言えずに孤立していた、かつての自分と同じように辛い状況にある方とひとりでも多く、仲間としてつながり、孤立から解放してあげられることを彼らは願っています。

3．大人になった子どもたちによる新たな活動

　子どもたちは、新たな活動を始めています。2017年からは子どものグループのホームページを立ち上げるととととも、子どもの体験を話して欲しいと、支援者の講演会に招かれることも増えました。さらに、精神障がいのあるパートナーの「精神に障害がある人の配偶者・パートナーの支援を考える会（以下、配偶者の会）」と連携した活動も始めました。「配偶者の会」の子どもたちの話を聞くことです。親と一緒に参加した高校生や中学生、高学年になった小学生を対象に、子どものグループを行っています。20代〜50代の成人した子どもの方に運営して頂きましたが、参加した子どもたちは、せきを切ったように自分たちの辛い現状を話してくれました。家族学習会もそうでしたが、年齢が離れていることでの違和感がありませんでした。子どもたちに、将来には希望があること、希望を持って今はしっかり勉強するようにというメッセージを送っていました。配偶者の方々が支援されることで、父親、あるいは母親が家族の中で安定した存在となって、家族のコミュニケーションが図られることは、子どもが安心できる環境作りに直接つながります。今後はこのような活動も広げていきたいと思っています。

おわりに

　私が初めて子どもの立場の家族に出会ったのは、「家族による家族学習会」に参加した一人の女性との出会いでした。その出会いから、他の子どもの方々とつながり、子ども達の体験を伺うことができました。なぜかわかりませんが、子どもの方々の話す過酷な体験は、私を強く惹きつけ、そのような境遇にもかかわらず、今をたくましく生きている姿に感動しました。

　子どもの立場の家族がちょうど注目されてきた時期ですので、支援の必要性は感じても、個人的な活動には限界があり、継続的な支援ができる方法はないだろうかと、蔭山先生と一緒に考えました。ちょうど、家族をエンパワメントする「家族による家族学習会」プログラムに出会い、家族の持つ力に気づいていた時期でした。このプログラムを活用することで、困難を体験したがゆえに身につけた力に気づき、自分たちの力を発揮して、同じ境遇の方々を支援する活動ができないだろうかと思うようになりました。実際、子どもの方々も、困難は続きながらも、これまでの体験を生かして今苦しんでいる同じ立場の方々を支援したいと話してくれました。初めは子どもの方3人で始まりましたが、2015年に子どもの立場の「家族による家族学習会」を開催してから、仲間は徐々に増えていきました。

　この活動の中で、子どもの方々の体験を伝えるために、体験を集めた本を作りたいと考えました。全国には、沢山の仲間がいますが、なかなか出会うことのできない現状があります。今苦しんでいる方々に、仲間がいること、子どもの方々の未来は決して暗くはないという希望を伝えたいと思いました。

　また、私は以前に精神科病院に勤務していましたが、自分がそうであったように支援者は子どもの立場からみた家族の現状を知りません。子どもの

方々と関わることのできる支援者には、子どもの成長過程での困難を知って
もらい、家族支援の必要性を理解して、自分のできる支援をはじめてほしい
と思いました。

　この本には9人の大人になった子どもの方々の体験がつまっています。子
どもの原稿は、当初からつながった方々を中心に執筆をお願いしました。こ
の本の趣旨に賛同して、子どもの原稿はあっという間に集まりました。支援
者の原稿は、早期から子どもの方々の支援の必要性に気づき、声をかけてく
ださった方に依頼しました。支援者の原稿もすぐに集まりました。しかし、
自分自身の原稿の執筆、そして集まった原稿を編集する作業は簡単ではない
ことに気がつきました。少し時間がかかってしまいましたが、いつも一緒に
家族支援を行い、子どもたちの支援も一緒に活動してくださった、蔭山正子
先生に編集の協力をいただき、やっと本にすることができました。

　2017年からは、念願であった「子どもの集い」を、子どもたち自らの力
で、東京で開催することになりました。近い将来、子どもの方々が、全国の
どこにあっても、集える場ができればと願っています。このグループは、今
後も様々な活動を自ら広げていく力を秘めていると考えています。そして、
この本もこうした活動の成果の一つとして生まれたと思っています。

　子どもの立場の方々の中には、当然のことながら、何らかの精神疾患のあ
る当事者の方も多くいらっしゃいます。そして、今後は、当事者の方々の結
婚や子育ても当たり前の時代となることでしょう。

　是非、この本を、同じ子どもの立場の方々、親である当事者・配偶者の
方々、当事者の親である祖父母の方々、支援者の方々、多くの方々に読んで
いただきたいと思っています。

横山恵子

＊　　　＊　　　＊

2014 年、横山先生と私は、精神障がいのある親に育てられた子どもの支援に研究として取り組むかどうかを議論していました。すでに他で取り組みが始まっていたこともあり、私は消極的でした。しかし、横山先生は子どもが抱える問題の深刻さを感じ、また、子どもが本来もっている力を発揮できるような取り組みにつなげたいと言いました。そこに強い意思を感じました。専門家がグループ運営・進行するのではなく、子ども自らが運営・進行できるように、そして、自主的な活動へと発展できるようにと、私たちは取り組み開始前に青写真を描きました。子どもの力を疑いなく信じていました。それは、それまで7年間私たちが取り組んできた「家族による家族学習会（家族学習会）」プロジェクトで養われた信念とも言えます。プログラムに参加することで見違えるように変化していった多くの親を見てきました。子どもの立場の家族学習会を始めて、子どもたちもまた、50代60代になってもなお、見違えるほど生き生きと明るく変わっていきました。そして、子どもたちは互いを必要として、自主的な活動が始まり、私たちが描いた青写真は、現実のものとなりました。

　子どもの体験を整理すると、精神障がいのある親に育てられる困難さに焦点が当たります。児童虐待の対応に追われる母子保健や児童福祉の現場では、精神障がいのある親は、児童虐待のハイリスクとして広く認識されています。支援者にとっては、精神障がいのある親が虐待をしているのではないかという視点で把握せざるを得ない状況があります。仕方がないかもしれませんが、支援者の精神障がいのある親への眼差しが冷たく、悲しくなることが少なくありません。虐待防止に焦点が当てられすぎています。虐待が起きないことを支援のゴールにすることは悲しすぎる、そうしたくないと思うのは私だけでしょうか。

　母子保健や児童福祉に従事する支援者の多くは、かつての私がそうだったように、精神障がいのある人が抱える困難をよく理解できていないと感じます。彼らは、症状や障がい、そして、偏見に耐え、他の人が当たり前になし遂げる進学、就職、結婚、育児などの多くを諦めざるを得ない現状において、必死に生きています。私は、彼らの人生を応援したい。障がいがあっても親になることは、人として当たり前の希望であり、誰も阻害することはできま

せん。その当たり前の希望を叶えるのが支援のゴールであってほしいと強く思います。親になることを積極的に応援してほしいのです。恋愛、結婚、子育てについて前向きに学習する機会を提供し、彼らが親になることを支援してほしい。虐待防止から予防的育児支援へと支援をシフトさせる、発想の転換が求められていると考えます。

　子どもの立場の集まりを開くと、精神障がい当事者である子どもの方もお越しになられます。精神障がいのない健常者（非当事者）である子どもは、精神障がいのある親に長年苦労してきたので、当事者を仲間として受け入れることに多少の抵抗があるようでした。しかし、私は、健常者と当事者で線引きはしたくないし、当事者を入れないことは長期的にみたら実質不可能であると考え、友人の当事者で子どもの立場のお二人を「こどもぴあ（精神疾患の親をもつ子どもの会）」のスタッフ側にお誘いしました。すると、飲み会の席で、健常者は、当事者に病気のことを教えてもらい、健常者の彼女たちは、これまでずっと理解できなかった親の病気を初めて理解できたと感激していました。おそらく当事者も自分の体験が人の役に立つことに喜びを感じたでしょう。子どもの立場の集まりでは、健常者と当事者が混在した方が親子関係の修復や自身のリカバリーを促進させることができ、また、本当の意味で互いを必要とする仲間になれるのだと実感したのです。他にはない、子どもの立場だけが持つ魔法のように感じられました。子どもの立場の取り組みに、これまでにない展開の可能性を感じ、期待に胸を躍らせています。

蔭山正子

精神疾患の親をもつ子どもの会（愛称：こどもぴあ）

　"こどもぴあ"の"ぴあ"は、同じような体験を持つ仲間（=ピア）を助けるピアサポートと、子どもの立場の人にとって居心地のよいところ（=ユートピア）に由来します。いま一人で悩んでいる子どもの立場の人に「一人じゃないよ」ということを伝えたいという気持ちで"こどもぴあ"が生まれました。

　最初は3人のメンバーで始まりましたが、横山先生、蔭山先生と家族による家族学習会を開催することによって毎年新しい仲間との出会いを繰り返し、今年で3年目を迎えました。さらに、今年はホームページを開設し、また新たな仲間とつながることができました。同じ立場の仲間と出会えたとき、初対面とは思えないほどすぐにうちとけて、今まで誰にも言えずに一人でかかえてきたことを語り合い、心から共感する場が生まれます。仲間と語り合うことで、孤独から解放され、心の傷がいやされたり前向きな気持ちになれました。

　子どもの立場の家族会はまだ聞いたことがありませんが、精神疾患の親に育てられた子どもの数は少数ではないと思います。親の疾患についてどうしていいかわからず、誰に相談したらいいのかわからずに困っている子どもがたくさんいると思います。やっと誰かにうちあけられたとしても、相談された側もどう対応してあげたらいいのかをわかっていないのが現状です。私たちの活動を知って、研修会に呼んでくださった行政もあり、助けの必要な家庭の児童と関わる現場職員の前で体験を語りました。毎年夏に行われるリカバリーフォーラム（認定NPO法人 地域精神保健福祉機構 通称：コンボ 主宰）で体験を語った時は「貴重な話を聞けました。勇気を出してつらい体験を語ってくれてありがとう」という感想を支援者の方からいただきました。

　「こどもぴあ」は、子どもの立場にある20代から50代10数名がコアメンバーとなって運営している自主的な集まりです。主な活動内容は、子どもの立場のつどい（3か月に1回程度）、子どもの立場に限定した「家族による家族学習会」（1年に1クール）です（2017年度現在）。ご関心のある方はホームページをご覧ください。

　ホームページ＊ https://kodomoftf.amebaownd.com/
　Eメール＊ kodomoftf@gmail.com

事例提供者一覧（仮名、掲載順）

精神疾患の親をもつ子どもの会（愛称：こどもぴあ）

千葉あき

石井百合

川口麻美

川内みなみ

かない　はな

城所まい

伊藤奏汰

たまき　まゆみ

林あおい

分担執筆者一覧（＊は編者）

横山恵子＊　第1章第3・4節、第2章第3節、終章

蔭山正子＊　第2章第1節

ウエムラ　カナタ（仮名）　第2章第2節　北海道・東北ブロック児童相談所

岡田久実子　第2章第4節　埼玉県精神障害者家族会連合会／保育士

上原美子　第2章第5節　埼玉県立大学／養護教諭／准教授

長谷部慶章　第2章第6節　神奈川県厚木児童相談所／児童福祉司

編者プロフィール

横山恵子（よこやま・けいこ）

埼玉県立大学保健医療福祉学部看護学科・保健医療福祉研究科
看護学専修／教授／看護師

略歴

埼玉県立衛生短期大学第一看護科卒業。埼玉県立がんセンター、
埼玉県立北高等看護学院、埼玉県立精神保健総合センター（現、
県立精神医療センター）準備室を経て、看護師長として勤務。
急性期病棟にて精神科看護を経験。その後、埼玉県立大学短期
大学部看護学科講師、埼玉県立大学准教授から現職。その間、
日本社会事業大学社会福祉学研究科博士前期課程、東京女子医
科大学大学院看護学研究科博士後期課程修了。主な研究テーマ
は、精神障がい者の家族支援・家族会活動・アウトリーチサー
ビス・看護師のキャリア支援。

蔭山正子（かげやま・まさこ）

大阪大学大学院医学系研究科保健学専攻公衆衛生看護学教室／
准教授／保健師

略歴

大阪大学医療技術短期大学部看護学科、大阪府立公衆衛生専門
学校を卒業。病院看護師を経験した後、東京大学医学部健康科
学・看護学科3年次編入学。同大学大学院地域看護学分野で修
士課程と博士課程を修了。保健所精神保健担当（児童相談所兼
務あり）・保健センターで保健師としての勤務、東京大学大学
院地域看護学分野助教などを経て現職。主な研究テーマは、精
神障がい者の家族支援・育児支援、保健師の支援技術。

精神障がいのある親に育てられた子どもの語り
——困難の理解とリカバリーへの支援

2017 年 12 月 1 日 初版第 1 刷発行
2019 年 9 月 10 日 初版第 3 刷発行

編著者	横 山 恵 子
	蔭 山 正 子
発行者	大 江 道 雅
発行所	株式会社 明石書店

〒101-0021 東京都千代田区外神田 6-9-5
電　話　03（5818）1171
ＦＡＸ　03（5818）1174
振　替　00100-7-24505
http://www.akashi.co.jp

装幀　　　明石書店デザイン室
編集／組版　有限会社閏月社
印刷／製本　モリモト印刷株式会社

（定価はカバーに表示してあります）　　　　　ISBN978-4-7503-4597-0

〈価格は本体価格です〉

ソーシャルワークによる精神障害者の就労支援
参加と協働の地域生活支援

御前由美子 著

A5判／上製／196頁 ◎3300円

精神障害者の特性を活かしつつ安定した就労や充実した地域生活を支援していくための方策として、エコシステム構想によるコンピュータ支援ツールを介したソーシャルワークを提案する。本人とソーシャルワーカーとの相互変容関係に着目した取り組みを紹介。

精神障害者施設におけるコンフリクト・マネジメントの手法と実践
地域住民との合意形成に向けて

野村恭代 著

A5判／上製／256頁 ◎4000円

入院から地域生活へと舵をとる精神保健医療福祉の流れの中で発生する施設コンフリクト。地域住民との合意に至るプロセスの中では、一方的に「理解」を求めるのではなく、関係者や関係機関を含めた時間をかけた「信頼」の醸成が重要であることを示す実証的研究。

〈価格は本体価格です〉

子どもの権利ガイドブック【第2版】

日本弁護士連合会子どもの権利委員会 編著

■A5判／並製／576頁 ◎3600円

子どもの権利について網羅した唯一のガイドブック。教育基本法、少年法、児童福祉法、児童虐待防止法等の法改正、さらに、新しく制定されたいじめ防止対策推進法にも対応した待望の第2版。専門家、支援者だけでなく、子どもに関わるすべての人のために。

子どもの虐待防止・法的実務マニュアル【第6版】

日本弁護士連合会子どもの権利委員会 編

■B5判／並製／368頁 ◎3000円

2016年に大幅に改正された児童福祉法と2017年のいわゆる28条審判における家庭裁判所の関与拡大に対応した待望の第6版。法律家だけでなく、児童相談所や市町村児童家庭相談窓口、NPO関係者等、子どもの虐待防止に取り組むすべての専門家の必携書。

精神障がい者の家族への暴力というSOS
家族・支援者のためのガイドブック

蔭山正子 編著

A5判／並製／288頁 ◎2500円

精神障がい者の家族が受ける暴力に関する調査研究をもとに、家庭で暴力が生まれる背景、実態、要因を明らかにする。その研究結果をふまえ、家族へのインタビューで語られた内容と支援者の実践から、家庭で暴力が生まれない支援のあり方を考察し、提言する。

精神障害のある人の権利擁護と法律問題

関東弁護士会連合会 編

A5判／並製／352頁 ◎3800円

精神障害者の権利擁護活動にあたって必要な法律の実践ガイド。弁護士と現場の福祉担当者向けに、精神障害と成年後見制度、日常生活自立支援事業、精神保健福祉法の変遷と実務、医療観察法の実務までを平易に解説する。

〈価格は本体価格です〉